張化榕 著
장화용

陳品芳 譯

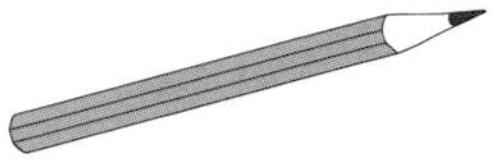

猶太人成為全球頂尖人物的學習法

들어주고,
인내하고,
기다리는
유대인
부모처럼

目錄

Part 2

猶太傳統五千年，塔木德子女教育

Part 3

猶太傳統五千年，塔木德學習法！

前言

猶太人代代相傳的塔木德式教育學習法

流傳五千年的猶太教育學習法，就是無論孩子問什麼問題、說出什麼話，都要用心聆聽、接受。這是一種溝通的產物，也是一種無盡的愛。

猶太人認為，只要不傷害孩子的自尊，試著努力說服，便沒有不能教的孩子。他們秉持著這樣的信念，努力培養個性都不一樣的小孩。

一個有自信的人，無論遭逢什麼情況，都不容易感到挫折。父母在幫助子女培養自信心時，不能太過貪心，因為父母過高的期待或野心，反而會使孩子陷入絕望。

提升孩子的自信，是孩子成長中最重要的一環，父母必須了解孩子的內心，鼓勵他們找到自己天生的優點，並以此培養自信，而達到這個目標的方法，就是猶太人的「塔木德教育學習法」。

這是猶太文化超越時間與空間，經歷數千年傳承下來的智慧，在他們的精神與社會中紮根，形成屬於猶太人獨特又強大的文化，也打造出今天我們所認識的猶太人。

本書中從許多不同的角度，完整記錄猶太父母教導孩子學習的方式，從教導孩子的西瑪（Shema）、反問「孩子，你怎麼想」的態度、詳細且具體記錄日常生活準則的妥拉與塔木德、詳載飲食規定的潔食規範（Kosher），以及透過感同身受與支持，確認家人團結一心的安息日晚餐，另外還有不和他人比較，要讓孩子與眾不同的教育哲學；該罰的時候就罰，該鼓勵時給予鼓勵。

書中不僅會介紹猶太人的歷史、文化、家庭哲學、子女教育，更會詳細介紹哈柏露塔討論法驚人的學習效果，以及幾個實際的範例。透過本書，讀者將可獲得如何在日常生活中實踐這些方法的訣竅。

本書的基礎是來自猶太人的子女教育十戒條：

猶太子女教育十戒條

1. 教導孩子：學習像蜂蜜一樣甜美。

2. 教導孩子：重要的不是「比別人更好」，而是要「和別人不一樣」。
3. 為了幫助孩子終身學習，要讓孩子在小時候充分玩樂。
4. 教導孩子：比起安靜聆聽專注學習，更重要的是懂得如何說話。
5. 教導孩子：一個缺乏智慧的人，在每一個方面都有待加強。
6. 教導孩子做事時應該要動腦，而不是直接採取行動。
7. 即使嚴厲地訓誡孩子，也要在睡覺時溫柔地哄他入睡。
8. 不關心子女教育的父母，就是對神犯了罪。
9. 父親是子女的精神支柱，父親不能沒有休假。
10. 教導孩子：可以原諒曾經傷害自己的人，但不要忘記自己受到的傷害。

本書第一章介紹「塔木德家庭哲學」，第二章介紹「塔木德教育」，第三章介紹「塔木德學習法」的具體內容。

本書和市面上猶太子女教育相關的書籍不同，是以塔木德為基礎，介紹猶太人的歷史、文化、家庭哲學、教育哲學、學習方法等。

書中有許多親子之間的實際對話案例，展現了父母對孩子的同理與支持。讀者可以使用這些案例，嘗試用能提升孩子自信的方式和孩子進行對話。此外，讀者也可透過與不同個性的子女發生衝突的案例，學習該如何接受子女真實的樣貌，同時也可熟悉哈柏露塔提問法，了解如何閱讀塔木德、實踐哈柏露塔。

猶太父母相信充滿愛與尊重的家庭，才是子女教育的根本，讓我們一起透過了解他們的信念與哲學，找出並解決子女學習的問題。

猶太民族是全世界承受最多苦難的民族，過去這兩千年來他們沒有國家，流散於世界各地、經歷各種考驗，猶太人的能力之所以出色，也是因為在窘迫的環境中掙扎了數千年。

所以聆聽、包容、等待的教育方式，才會烙印在他們的基因中，這仍是現在進行式，而且依然有效。

這世界上有各式各樣的教育方式，我更希望「猶太傳統五千年塔木德教育學習法」，可以幫助在學習上遭遇困難的孩子。

張化榕

- 那你是怎麼想
- 恭喜你犯錯！
- 猶太民族五千年的苦難歷史，可以原諒但不要遺忘
- 猶太人的離婚率為什麼會低？結婚協議「Ketubah」
- 父親就是最好的老師
- 即使會堂和學校遭到破壞也無妨，只要有家庭的地方就有教育
- 對猶太人來說，唯一的財產就是知識與智慧
- 塔木德是有智慧的偉大學習
- 更好的問題可以獲得更好的回答
- 不要比較聰不聰明，而要比較個性
- 大家都是兄弟，所以沒有「像兄弟一樣」這句話

Part 1

猶太傳統五千年，塔木德家庭哲學！

幫助子女更有自信

那你是怎麼想？

猶太人認為，子女是藉著學習父母的言行舉止來成長，這就代表孩子能否往好方向發展取決於父母。父母會對子女的人生帶來百分之八十以上的影響，不光是學習，在人生、價值觀、社會性、交友關係等各方面，父母的教育都會帶來決定性的影響。

有句猶太格言說：「偉大的老師，會在開始學習之前跟弟子分享有趣的對話。」從有趣的對話為學習揭開序幕，才能夠幫助學習者敞開心胸，營造輕鬆學習的氣氛。猶太父母和子女一起學習經書、律法（例如塔木德）的時候，會接受、尊重並包容孩子原本的想法。

猶太人最常對孩子說的一句話，就是「那你是怎麼想？」他們並不是單方面問「打掃了嗎、功課都做完了嗎」這類可以簡單回答「是或不是」的問題，而是認真詢問孩子的立場，以尊重的態度，了解他們的看法。

孩子會因為大人的一句話感到難過、失落，也可能因此感到喜悅、開心並增加自信。從小經常被肯定的人，會對所有事情抱持樂觀的態度，而且自信心也較強。

小時候與父母的關係會大大影響一個人長大之後的自信，從小若經常聽到大人說「你怎麼只能做到這樣？我就知道會這樣，你就是這樣而已，不看我也知道，你不是說你會嗎？」類似這種批判性言詞，那麼成年後就可能會成為一個沒有自信的人。

若大人事事都採取追究、指責、嚴厲的態度，那麼孩子也會對其他人抱持這種批判的態度。相反地，若是尊重、支持並鼓勵孩子，那麼孩子就會成為一個對他人親切、滿懷愛意、為他人著想的人。

猶太人會教導子女，要用說的來表達自己的情緒，一個人若情緒被壓抑，這樣的情緒就可能演變成壞習慣或是心理疾病，所以必須給孩子能夠表達情緒的機會，避免負面情緒在心中累積。

此外，猶太人也被教導要傾聽自己內心的聲音，他們認為傾聽自己內心的聲音，和別人溝通一樣重要。

猶太父母不僅會聽孩子說話，更會仔細觀察孩子的表情，且懂得尊重他們，他們會用孩子的角度來理解這個世界，了解孩子的痛苦，也用心向孩子表達自己的真實想法，不責怪孩子。各位家長可以試著用以下這樣的對話，跟孩子展開一段日常的閒聊，並試著在對話的過程中擁抱、撫摸孩子，以維護孩子的自信、讓他們感受到愛。

- 有你這個孩子，真的讓媽媽覺得很幸福。
- 因為你，爸爸媽媽覺得很幸福。
- 有很多人都跟我們稱讚你喔。
- 爸爸媽媽會永遠支持你。
- 你一直都很努力，這就讓爸媽很開心了。

自信心低落的人，通常會否定或逃避現實，再不然就是假裝自己不在意，但一發現有可能會失敗，可能就直接選擇放棄，這樣的人會無法順利跟身邊的人交流，遇到問題時會認為不是自己的事情，進而選擇逃避或批評。他們會想要誇耀自己、希望自己一個人獨占寵愛，並為了掩飾自己的過錯而危害他人。

相反地，較有自信的人比較能夠承受困難，且會努力解決問題，即使失誤犯錯，他們也會相信自己，遇到問題不會感到挫折，會相信自己的能力，假使自己在做的事情有錯，他們也不會對自己感到失望或沮喪。

從肯定自我的角度來看，自尊與自信有其共通點，自尊其實是源自於與他人競爭的情緒，所以如果失敗的話，對自己的信任可能會遭遇挫折，但有自信的人因為有堅定的信念，所以即使犯錯，仍然可以接受犯錯的自己，這就是兩者最大的差異。韓國最出名的腦科學家，首爾大學的徐維憲教授曾發表過一個臨床研究，他認為當我們抱持樂觀的心態看待事情，大腦便會創造能夠解決問題的全新迴路。

讓我們一起看看家長與孩子之間在尊重、鼓勵的包容氣氛下，分享意見的範例吧。

媽媽：在雨，作業寫好了嗎？

在雨：還沒耶，我還沒做。

媽媽：為什麼？你在忙什麼？

在雨：從補習班回來以後玩了一下，然後吃完晚餐後要寫作業。

媽媽：是喔，那你會不會覺得累？

在雨：不要擔心，我做得完。

（孩子說吃完晚餐要做功課，但把書攤開之後，卻在書桌前打瞌睡。）

媽媽：在雨，如果想睡就去睡吧。

在雨：不行，我還要寫作業。

媽媽：你真棒，這麼努力，媽媽看了好開心。

（又不停打瞌睡，過了約二十分鐘）

在雨：媽，我好睏，撐不住了。

媽媽：好！你應該很累吧，但作業沒寫完怎麼辦？

在雨：媽，我今天好像花太多時間玩了，我會老實地跟老師說這件事，
下次我會先寫作業再開始玩。
媽媽：你的想法很好，快去睡吧。
媽媽並沒有責罵沒能把作業寫完的在雨，而是尊重他的個人經驗，培養他的自信心，雖然當天在雨並沒有把作業全部寫完，但卻懂得反省自己的行為，且下定決心未來要為自己的行為負責。

TIPS 提升自信心的對話法

<table>
<tr><th>自信心高的人</th><th>自信心低的人</th></tr>
<tr><td colspan="2">▶ 問題太困難，找不到答案的時候</td></tr>
<tr><td>會老實說自己不知道答案，且會專心聽正確答案。如果不懂，也會深入了解細節，並問更多問題。</td><td>會因為自己不知道答案而失望，或是會謊稱自己的答案就是正確答案。</td></tr>
<tr><td colspan="2">▶ 朋友跟自己意見不同的時候</td></tr>
<tr><td>會跟朋友一起討論要玩什麼，並找出彼此都可以接受的方案。</td><td>很容易就會接受朋友想要的選擇，或是繼續堅持玩自己想玩的，如果朋友不配合，就再也不想跟那個朋友玩。</td></tr>
<tr><td colspan="2">▶ 成果發表會即將來臨之前</td></tr>
<tr><td>雖然會擔心，但會持續練習，針對不懂的部分提出疑問，讓演出更加完美。</td><td>演出之前會很擔心，進而害自己身體不適或乾脆不練習，再不然就是根本不當一回事。</td></tr>
</table>

1. 回饋（感同身受）

「我好像懂你的感覺。」

2. 鼓勵（專注在對方身上，尊重對方的想法）

「可以告訴我發生什麼事了嗎？」

「所以你打算怎麼做？」

3. 認同（認同對方的情緒，給予正面支持）

「我跟你有一樣的感覺，我也有很多這種經驗。」

4. 選擇與改變（不要隨便給建議，要相信孩子的洞察力）

「有沒有可以解決的方法呢？」

5. 接受與包容（稱讚他願意分享情緒）

「謝謝你把這些事情告訴我。」

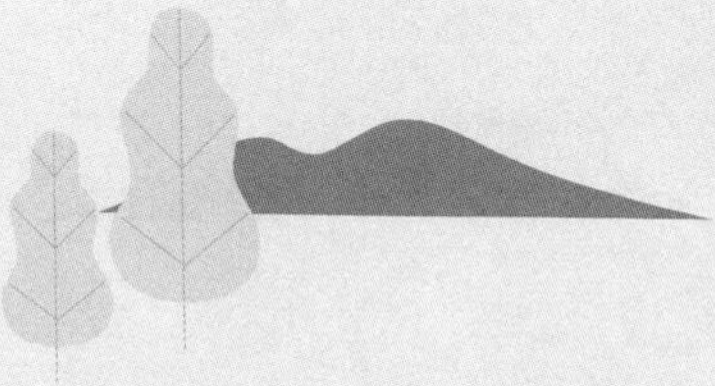

如果能像以上建議的這樣，讓孩子在日常生活中獲得大人支持與包容，進而培養出較高的自信，那麼他們面對事情的態度，就會和自信心較低的孩子不同。

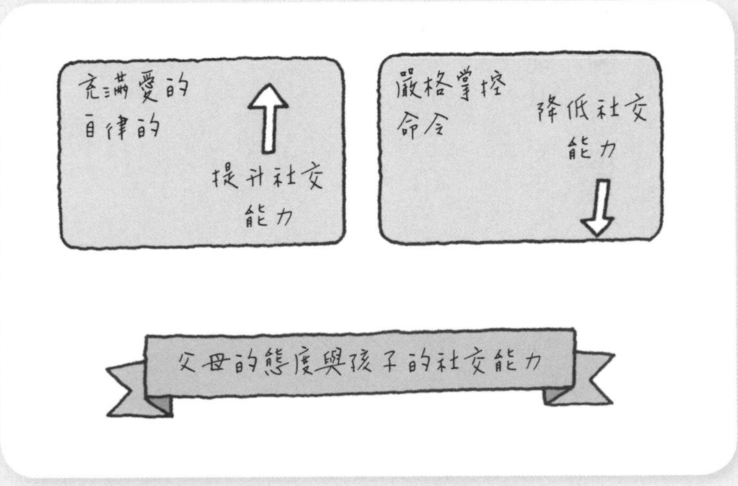

恭喜你犯錯！

一個人的自信心並非出生時就有，而是在成長過程中，透過與大人和周遭環境的互動培養出來。

猶太人了解父母對於培養孩子自信心影響深遠，因此會對孩子有耐心，包容孩子的情緒。也就是說，他們承認並接受無論父母還是小孩，都會因為不同的情緒與想法，做出不同的行為，所以不應該責罵因為情緒和大人不一致而吵鬧耍賴的孩子。

舉例來說，如果孩子放學回來不寫作業只顧著玩，父母不會責罵他們，而是用「乖孩子應該是想先休息一下再寫作業」的態度去接受這種行為，猶太人認為，只要媽媽可以接受、了解孩子的情緒，孩子就會受到感動，一旦受到感動，就會努力做出更好的行為讓父母開心。

又例如孩子犯錯、事情做不好的時候，猶太父母認為，這在成長過程中是稀鬆平常的事，所以當子女犯錯時，他們會一邊拍手叫好，一邊說「恭喜你犯錯了」，這句話在希伯來文具有「恭喜」的意思。

猶太父母即使看到子女失敗，也不會覺得丟臉，反而會認為那對子女的人生更有幫助。他們認為累積失敗的經驗，才能夠享受充滿挑戰的人生，同時也會以此來鼓勵、等待子女成長，希望培養出有自信的孩子。

猶太人覺得自己能送給子女最好的禮物，就是為他們種下自信的種子，應該要仔細觀察孩子的喜好，幫助比較沒有自信的孩子提升信心。

如何培養自信的重點，就在於尊重一個人的決定權。猶太小孩會被給予適當的機會，能自己行使決定權，比如說全家人一起打掃，這時就會提供像是「媽媽要大掃除，垃圾分類、擦鞋子、擦窗戶這三個，你想做哪一個」的選擇機會，讓孩子不會在未來需要做決定時遇到困難。

人的自信在出生時像一張白紙，隨著與大人的互動等環境因素，大約會在八歲時決定自信究竟是高還是低，這段時期所形成的自信，也成了左右幸福的關鍵。

與父母之間的依附關係，會對孩子的自信心產生最大影響，孩子若能透過與大人的互動相信自己「是一個很重要、很值得被愛的人」，那孩子的自信心就會增加。

相反地，充斥著不安全感的依附關係，會導致人自信低落，這會使他們不喜歡肢體接觸，在這樣的情況下若試著撫摸他們的臉或抓他們的手，他們會刻意拉開距離，或是變得不愛像剛出生時那樣坦率表達自己的情緒，若遇到這樣的情況，父母就必須給孩子信賴感，以維持親子之間的穩定關係。

TIPS

自信測試

讓我們來看看美國心理學家馬歇爾・羅森堡的自信測試。

1. 我認為自己是有價值的人。
2. 我做決定時不會遇到任何困難。
3. 我有很多優點。
4. 我的表現不輸其他人。
5. 我是個幸福的人。
6. 我很了解自己。
7. 我不會隨便放棄自己。
8. 有很多人喜歡我。

9. 我對自己抱持著正面樂觀的態度。

10. 我很滿意現在的工作。

如果回答「完全不符合」得1分，回答「還算符合」2分，回答「大致符合」得3分，回答「完全符合」得4分，請從以上四個回答中做選擇並計算分數。10～19分代表自信較低，20～29分為普通，30分以上則表示有很健康、很值得嘉許的自信心，但這些問題並不是評價自信的絕對標準，可以當成參考。

絕對不忘本

猶太五千年的苦難歷史，可以原諒但不能遺忘

以色列一旦發生戰爭，就會有大批的猶太青年奔向以色列，人數之多甚至可以癱瘓美國的主要機場。一九六七年以色列與鄰近阿拉伯國家之間發生戰爭，年輕的猶太人開始排隊準備回到以色列，因為猶太人深刻體驗到祖先世世代代居無定所的悲慘與痛苦，所以才願意挺身而出保衛國家。今天猶太人佔全世界總人口的百分之零點二，散居在包括以色列在內的全球各地，以色列國土面積約兩萬平方公里，人口約八百萬（約六百萬是猶太人，其他民族約兩百萬

人），國民當中有百分之八十的人信仰猶太教，另外有百分之十六的人信仰伊斯蘭教。

今日的以色列國民，大多原本四散在全球一百三十多個國家，後來才移居以色列，所以國內同時使用的語言超過八十種。在以色列即使同樣是猶太人，也可能有膚色和語言的差異，他們獨特的文化就像韓國拌飯一樣。事實上，如果猶太民族不曾遭遇特殊的考驗與苦難，那麼或許以色列早就消失了。

像猶太人這樣將整個民族的心願，寫成歷史紀錄的國家並不多。如聖經所述，猶太民族的歷史從亞伯拉罕開始，最早亞伯拉罕的父親他拉，在從美索不達米亞的吾珥（Ur），也就是從現在的伊拉克移動到迦南的途中死亡，此後亞伯拉罕便移居至迦南這塊土地。迦南地原本的居民，將亞伯拉罕這一群從其他地方來的外來客稱為「希伯來人」，意思是「跨越幼發拉底河之人」。

聖經紀錄了猶太人的歷史。亞伯拉罕生下了以撒，以撒生下了雅各，雅各則生下了十二個孩子。雅各的十二個孩子為了躲避貧窮與飢荒，便前往尋找可生存之處，最後抵達現今埃及這塊土地，在那裡卻成了埃及人的奴隸。

在埃及度過奴隸生活時，猶太人在摩西的引導下逃出埃及回到迦南地。猶太人的第一個國王叫做掃羅王，接著經歷大衛王時期的領土擴張、所羅門王的統治後，猶太人終於迎接了全盛時期，但國家卻分裂成南北兩個部分。

猶太民族分裂成南國與北國之後，北國以色列遭到亞述入侵滅亡，南國猶大王國則被巴比倫所征服，舉國上下都成了巴比倫的俘虜，猶大王國國民成為巴比倫的俘虜被帶到巴比倫這件事，稱為「巴比倫囚擄」。

成為俘虜的猶大王國百姓在拉比的帶領之下，形成一個維持宗教與習慣、徹底實踐戒律的共同體。到西元七十年，羅馬軍隊包圍耶路撒冷，羅馬軍隊所到之處，都執行焦土政策，將佔領的地方燒個精光，因此耶路撒冷遲早會陷入火海。這時偉大的拉比約卡南．本．薩卡下定決心，即便耶路撒冷遭到毀滅，也要保全猶太民族不會滅亡，於是他便不斷找機會與羅馬將軍會面。

但因為整座城徹底被羅馬軍隊包圍，沒有人可以出入，最後他只好放出自已病危的消息，幾天之後再放出他去世的消息，而他本人則躺在棺木中離開耶路撒冷，因為當時即使是羅馬軍隊，也不可能阻止猶太人將亡者送往墓地。

離開耶路撒冷之後，約卡南．本．薩卡離開棺木，前去與羅馬將軍維斯帕先見面，見到羅馬將軍之後，他立刻下跪大喊「皇帝陛下」，當時還是指揮官的維斯帕先大吃一驚，便問說為什麼要喊他為皇帝陛下。

這時傳令兵急忙跑進來，傳來羅馬皇帝陛下已死，元老院將維斯帕先指揮官選為皇帝的消息，這位指揮官心情大好，便答應拉比說會聽他一個願望。

拉比約卡南．本．薩卡於是請求他，不要將小城亞夫內的大學、聖經與書籍燒毀，因為他相信即使現在耶路撒冷成為羅馬的殖民地，只要還能保留聖經與書籍，總有一天猶太人能東山再起。最後就如他所願，猶太民族透過教育存活下來。而如同拉比約卡南．本．薩卡所預想，讓猶太民族得以存續至今的條件就是教育。

三年後，西元七十三年，猶太民族又一次遭到羅馬軍的侵略，羅馬軍隊破壞了耶路撒冷的聖殿，這次猶太人被迫離開故鄉，成為四處漂泊的異鄉人。

在各國之間漂泊，四處尋找落腳之處的過程中，也遭受到其他民族嚴重的歧視，此後兩千多年，猶太人便散落在世界各地，過著流散生活。

猶太人驕傲地相信猶太民族是唯一被耶和華選中的民族，秉持著對唯一的神耶和華的信仰，藉著實踐神的戒律與命令等宗教的力量，在這些考驗與苦難當中變得更加堅強。

事實上，以色列在亞伯拉罕之後約四千年的歷史中，有國家的歷史不過五百多年而已。除了第一代的掃羅王到南國猶大王國滅亡這段時間之外，其餘的時間不是被帶到其他地方成為俘虜，就是被其他國家殖民，再不然就是失去國家，流離失所。

許多猶太人在俄國、波蘭等東歐區遭受迫害，之後便移居美國等地。第二次世界大戰時，猶太人也在希特勒獨裁統治下的德國遭到屠殺，史稱「猶太人大屠殺」，猶太人大屠殺與戰爭，成了猶太人建立以色列的最大動力。

猶太人的執著，從他們渴望回到祖先亞伯拉罕曾居住的迦南地便略知一二。猶太人在全球各地漂流時，始終相信唯一能夠讓他們落腳的家鄉便是迦南地。

過去征服猶太人、居住在迦南地的希臘人、羅馬人、拜占庭帝國，都已經消失在歷史的洪流之中，唯有猶太人跨越時空重回那個地點。

猶太人從來不曾放棄回到最早的家園，也就是巴勒斯坦的耶路撒冷錫安山。最後終於在一九四八年，讓流散於世界各地的猶太人在祖先曾居住過的迦南地建立起以色列這個國家。

人類歷史上，有哪個民族像猶太民族這麼執著呢？

以色列建國的喜悅也只是暫時的。以原本居住在那塊土地上的巴勒斯坦人為首，鄰近的阿拉伯國家開始攻擊以色列，但猶太人認為絕不能讓祖先曾居住過的迦南地再被搶走，便決定和周遭的阿拉伯國家開戰，在戰爭中獲得勝利的以色列，最後在一九四九年成為聯合國會員國。

之後以色列又經歷了大約六次的戰爭。戰爭的過程中，他們佔領了比原有領土大三倍的土地，也奪回來了長期以來成為猶太人與巴勒斯坦阿拉伯人爭端的哭牆，更佔領祖先曾經踏足的伯利恆、希伯崙、耶路撒冷城等民族聖地。

今日以色列面臨與周遭國家的紛爭，以及巴勒斯坦和反猶太主義的爭端。移民至以色列的人之間也有衝突，包括習慣與文化的差異、信教者與非信教者、貧富差距等內部問題日益加劇。

以宗教問題為例，以色列內部同時有人信仰猶太教、伊斯蘭教與基督教，在以色列這塊土地上，可以同時聽見妥拉、可蘭經、讚揚基督教的聲音。

塔木德教導以色列人「貧窮是一種罪惡」。從歷史上來看，猶太民族曾經是因為身無分文而被驅趕的異鄉人，所以律法當中也教導人民金錢是最重要的，也因此猶太人從小就被教育金錢的珍貴。

對沒有國家，流散於世界各地的猶太人來說，唯有金錢是最能保護自己的「武器」，所以他們對金錢的哲學與其他民族大不相同。當孩子渴望擁有一樣東西時，猶太母親會要孩子等上一個禮拜，過了一個禮拜還是很想要，那就再等一個禮拜，如果這樣還是很想要，她會要孩子再等一個禮拜，然後才買下來。這是為了讓孩子明白，只要沒有錢，那麼無論再如何渴望，都無法擁有那樣東西。

猶太母親會這樣問孩子：

- 沒有錢有多麼不幸呢？
- 另外，有錢的話又可以做多少好事呢？

猶太人從小就會聽見許多與上述兩種情況相關的故事，所以他們便自然地產生金錢觀念。但猶太父母也不是只教孩子怎麼賺錢，猶太人從小就學習到要多賺點錢，可是不要成為金錢的奴隸，而且賺了大錢之後必定要行善。這是猶太人從孩子還小的時候，便教導孩子實現這樣的理念。

猶太裔石油大王洛克斐勒在世的時候，因為對兒子與孫子實施嚴格的金錢教育而聞名。曾經擔任曼哈頓銀行總裁的大衛．洛克斐勒，曾驕傲地分享過祖父老洛克斐勒是如何教導他的金錢觀念。

大衛小時候，老洛克斐勒每個星期都會給他二十五美分當零用錢，發零用錢的同時老爺爺一定會提醒孫子要遵守兩個條件：第一是拿零用錢的百分之十做十一奉獻，第二是再拿百分之十捐給慈善事業。

然後到了週末，孫子必須要和爺爺一起檢視當週零用錢的使用明細。如果使用方式正確，那零用錢就會增加五美分；若使用方式不正確便會減少五美分。

或許是因為這樣，猶太富豪捐獻的比例非常高，洛克斐勒如此，歐洲名門羅斯柴爾德家族也是如此，金融鉅子喬治．索羅斯與比爾蓋茲更是如此。

猶太人在日常生活中徹底實踐律法。而因為他們曾經遭遇迫害與考驗、被迫流離失所、遭受歧視、沒有一塊可以安居樂業的土地，這種痛苦幫助他們發展出實用主義。

在面臨危急存亡的問題時，他們必須不顧一切地相信自己，他們認為人生短暫，為了活下去必須做點什麼，同時也將這樣的觀念教給子女，或許是因為這樣，才使他們的國家更強大。

德國稱猶太人為空氣人，這是形容他們像空氣一樣輕盈，個性圓融又堅強，可以很快融入任何地方，無論如何都一定可以活下來的意思。

猶太人會戴猶太帽（kipa）的原因非常特殊：據說是因為他們覺得，自己不知道何時又會被人趕出這塊土地，所以必須總是戴著帽子，做好離開的準備。

因為以色列這塊地是猶太人撐過苦難與逆境後堅守下來的國家，所以只要一有機會，猶太人便會叮囑子女不要忘記民族的困境，也教導子女可以原諒迫害自己的人，但絕對不要遺忘曾遭迫害的歷史。猶太人竟然會教導子女原諒曾經迫害自己的人，他們的心智力量究竟從何而來，這是我們需要仔細思考的。

TIPS

今天的以色列人與猶太人

說到猶太人，我們很容易想到以色列，但猶太人並不完全等同於以色列人，而是更接近一個宗教共同體，是指相信唯一的神耶和華的那群人，因為以色列不只有猶太人，還有許多阿拉伯人。

猶太人認為即使血統上是猶太人，若不信猶太教就不被承認是猶太人，但即使不是猶太血統，只要相信猶太教就會被承認是猶太人。

現在以色列的猶太人當中，分為徹底信奉律法與戒律的傳統派，以及尊重傳統與習俗，但律法需要配合現代更自由彈性的改革派。

傳統派會在猶太會堂以希伯來文進行儀式，且會以性別區分座位，尤其女性無法當上拉比，他們的生活遵守猶太教的傳統習俗、安息日與律法等規範。

相反地，改革派不穿傳統服飾，而是穿著較輕便的衣服，他們主張男女平等，女性也可以成為拉比，進到會堂時會帶著遮蔽頭頂的猶太帽，在會堂裡也可以演奏樂器，改革派是以比傳統派更現代的觀點來看待猶太教。

而這兩者之間也有較偏向中間路線的保守派，這類的保守派認為要配合現代制度來解讀猶太教傳統，但同時也主張在會堂當中必須遵守猶太教的傳統。

總之，猶太人遵循猶太教傳統、遵守妥拉與律法的程度雖然有差異，但確實是一個宗教共同體，他們並不只是把自己所信奉的猶太教當成一個宗教，而是在現實生活中徹底學習、實踐紀錄耶和華話語的妥拉與塔木德。

一般來說，猶太人是依循母系血統，如果母親是猶太人，那就會被承認是猶太人，由於他們長期在其他國家與各民族通婚混血，所以才會採取以母系血統來作為判斷的依據。重視教育的猶太人認為，母親的角色不容取代，所以判斷一個人是否為猶太人的標準，就是看看他的母親是否為猶太人，這就代表他們認為若沒有接受猶太母親的教育，那麼就不能稱為猶太人。

家庭是充滿尊重與愛的地方

猶太人的離婚率為什麼會低？結婚協議「Ketubah」

猶太人認為，男人若沒有太太就不會幸福，也無法獲得上帝的祝福，更無法累積善行，當然他們也認為如果不結婚，就無法盡到人的義務。

猶太人結婚時，新郎必須大聲朗讀名為 Ketubah 的結婚協議，結婚協議的內容是按照猶太律法所寫，內容為先生必須愛護太太，大部分的財產都屬於太太。

Ketubah 最特別的地方，就在於明確寫上若兩人離婚，應該要付給太太多少贍養費，上頭詳細寫著包括嫁妝在內，太太須帶多少財產嫁過去，還有離婚之後，先生應該要給太太多少贍養費。

婚姻協議不僅具有法律效力，甚至在借錢的時候都能當作擔保文件。傳承數千年的 Ketubah 可保障已婚女子的權利，其目的在於保護婚姻的權威，也是保障女性財產權與經濟權的證明。

古代社會中沒有任何一個社會尊重女性的權利，先生可以輕易趕走妻子。但猶太人卻沒辦法這麼做，因為如果先生跟太太離婚，或是想把太太趕出去，就必須依照婚姻協議付給太太規定的金額。此外婚姻協議也規範若沒有太太的同意，不得單方面任意離婚。

對猶太人來說，結婚這件事具有重大的意義，無論男女單身會被認為不幸，他們認為結婚生子是應該對上帝盡的義務，孩子出生之後，為了猶太民族的存續，必須努力提供孩子好教育，把孩子培養成優秀的猶太人。

猶太父親負責子女教育並且主掌安息日。安息日不僅能加強家人之間的連結，更能深化夫妻間的關係，到了安息日所有工作都必須停下，大家向上帝禱告，並以家族為單位休息。

猶太人藉著安息日守護家庭。對他們來說，家庭成員的關係非常緊密，所以家庭這個概念一點也不抽象，他們並不是在家庭中學習愛與為他人著想，而是在家庭中感受愛、感受為他人著想，也就是說他們用全身去感受家庭的溫暖。對他們來說，家庭是崇拜上帝、尊重教育、充滿愛與溫情的地方，猶太人的家中會放滿各式各樣的書籍，並總是以妥拉和塔木德展開對話。

雖然猶太人被其他民族看成是外地人，遭受到歧視與壓迫，歷史上他們也往往被限制必須居住在城市裡的猶太區（Ghetto），但他們將猶太聚集區視為自己的安居之地，在那裡他們會為彼此奉獻，所有人都是兄弟姊妹，是過著幸福生活的共同體。

猶太人是世界上離婚率最低的民族，因為他們透過一個禮拜至少一次的安息日，提供彼此情緒上的支持與安慰。他們認為組織家庭、生養子女就是上帝的期待，塔木德告訴猶太人，在天堂接受審判時，一定會被問到「你在人間時，是否曾為了生孩子而努力？」

由於他們認為人類在這個世界上唯一能創造的東西就是孩子，所以多生孩子、養育孩子，就是盡了對上帝的義務。而神的旨意就是要男女結婚，將猶太教的信仰與價值觀傳承給子女，所以他們會努力成為一對好父母。猶太人結婚時就必須去上父母課，生孩子之前則必須熟悉育兒方法，做好成為父母的準備。

若妻子懷孕，夫妻就會積極接受育兒相關的教育，產婦也會以愉快喜悅的心情進行胎教。

猶太人的獨特胎教法，就是讓胎兒聽所羅門王的箴言。胎教過程中，他們會在存錢筒裡投入錢幣，生產後便以孩子的名義捐贈給需要的機構。

猶太人極少和不同信仰、不同教育觀念的人結婚。由於猶太教規定，一定要實踐妥拉與塔木德中的規範，所以價值觀若不同就很難一起生活。

猶太民族的根就在家庭，家庭的根則在夫妻，組織家庭一起生活，是維繫這個世界的根本也是第一要務，所以他們格外愛護家人，他們相信建立一個和睦的家庭就是「神的旨意」。

猶太人的安息日晚餐，就是打造和睦家庭的秘訣，他們藉著安息日，讓全家人每個星期都有相聚、療癒的時間，全家人聚在一起，享用精心準備的餐點，彼此安慰、支持對方。安息日的時候丈夫會唱讚揚妻子的歌曲，而妻子也不忘要孩子感謝父親的辛勞，孩子會遵照母親的教導，在用餐之前對父親大聲說「謝謝」。父親則會依序將手放在孩子的頭上禱告，禱告的內容多是：「你的存在就是爸媽最大的喜悅」，以此來表示對孩子的尊重與祝福。

猶太父親擁有特殊的權威，由於他們代替上帝掌管家庭，所以父親的權威是絕對的，即使是喝水也要父親先喝，父親坐的位置也不一樣。而在家中，提高父親權威的人正是母親。

祖先代代堅守的妥拉與塔木德當中，詳細且具體地記錄了日常生活的準則，塔木德教導猶太人「丈夫不能讓妻子哭，上帝會去數妻子每一滴眼淚。」

所以猶太丈夫從不吝惜關心妻子的情緒，他們不會用自己的標準來看待事情，而是會努力了解妻子的想法，找出妻子內在的需求，並且同理它，以獲取妻子的歡心。猶太人的離婚率之所以是世界最低，肯定有他們的原因。

猶太人和韓國人的相同之處，就在於都重視家庭這個共同體，但相較於猶太父母，韓國父母卻反而不熟悉愛子女、與子女對話的方法，猶太父母會親自負責子女教育，以求讓孩子在情緒上獲得充分的滿足。

在猶太家庭中，像支柱一樣的父親可以穩定孩子的情緒，也能讓孩子專心讀書，而小孩會把父親當成目標，健康正向地長大。他們相信在充滿愛的環境下長大的孩子不會學壞，即使不強迫孩子讀書，他也會走出自己的路。

塔木德說：「上帝無法走遍世界每一個角落，所以便派遣母親來代替祂。」這句話的意思是說，母親是上帝派來的代理人。精神分析學家佛洛伊德曾說過，他之所以能夠成為一個偉大的人，「是因為母親相信我」。

塔木德說「妻子就是丈夫的歸屬」，這代表男人若沒有妻子便無處可歸、若沒有妻子便無法安定，猶太丈夫總是以「家庭」來形容自己的妻子，對他們來說，妻子和母親就代表家庭，猶太男性認為，若需要一筆錢去娶一個好太太，那他們甚至願意為了籌錢將妥拉賣掉，因為他們知道，若想遵照神的旨意生活，最重要的就是家庭要平安和樂、要有一位好太太，好太太能夠讓家庭和睦，引導子女走上正途。

TIPS

讚美妻子辛勞的安息日晚餐

猶太人為了遵守安息日的傳統，從週五晚上到週六晚上，會全家人一起坐在餐桌旁吃安息日晚餐，這時候他們不會和人有約，在遠方的家人也會特地回家。

安息日晚餐不僅是吃飯的時間，也是丈夫祝福妻子、子女感謝父母的時間，這時候最不可或缺的就是餐桌上的花與蠟燭。即使在納粹政權之下，猶太人依然遵守安息日晚餐的傳統，安息日成了一個家庭回顧一週生活、分享對話、支持並鼓勵彼此的時間。

為了進行安息日晚餐，他們會在星期五日落前把家裡打掃乾淨，把身體洗乾淨，換上乾淨的服裝。母親做完料理後，要在日落之前將家中的蠟燭點上，家人帶著愉快的表情祝福彼此「度過一個美好的安息日」。然後全家人一起上會堂，跟社區裡的人一起禱告，回家後便開始享用安息日晚餐。

晚餐時，全家人圍繞在餐桌邊合唱安息日歌曲，接著開始用餐。父親會跟孩子合唱歌曲讚美母親的辛勞，然後依照順序，將雙手放在子女頭上給予他們祝福，接著全家人會一起到浴室洗手，用餐之前洗手，是猶太人在宗教上的義務。

父親坐下之後，會將「辮子麵包」切開來分給所有家人，這時家人便會對父親表達感謝之意，用餐過程中，全家人會一起演唱幾首讓安息日更加歡快的歌曲，接著再將銅錢投入用於捐獻的存錢筒裡。

在安息日，全家人會一起準備餐點、一起整理居家環境，輕鬆愉快地一邊用餐一邊分享對話直到夜幕低垂，他們會坐在固定的位置，並展現出對彼此的關懷，說出來的話都是正向樂觀的稱讚與鼓勵，即使孩子失誤或犯錯，也絕對不會生氣或責罵。

父親實施的「西瑪」（Shema）教育法

父親就是最好的老師

在希伯來文中，父親叫做「阿爸」（Abba），這個字有「教育者、引導者、保護者」的意思。猶太人認為父親就是教育者，猶太父親將教導子女當成是耶和華的旨意，所以他們不會任意將子女的教育交付給學校或補習班老師。

猶太教信仰聖經舊約，舊約紀錄的內容，是耶和華在耶穌降臨人世之前，就已經給予被神選中的以色列百姓救贖與約定，也是摩西與耶和華一起在西奈山上對談四十天，由神所親自傳授的律法。舊約律法包括妥拉、先知書、詩歌智慧書，其中最重要的就是妥拉。

猶太人為了徹底遵守、實踐耶和華的旨意，所以相當珍視妥拉，並將其記錄在羊皮紙上。妥拉的核心宗旨是申命記第六章第四節到第九節的「西瑪」（Shema）概念（按，意思是「你要聽」）。

由於這段經文是從「西瑪」（你要聽）開頭，所以才命名為西瑪。猶太人最重視的妥拉章節就是「西瑪」，因此只要了解「西瑪」的內容，就能更快了解猶太文化。

「西瑪」在希伯來文中是「聽」的意思，因為是神的命令，所以也會被翻譯成「聽好」。西瑪是耶和華承諾的救贖的一部份，也是命令猶太人必須徹底遵守耶和華所賜下的戒律。〈申命記〉第六章第四節到第九節的內容如下：

以色列啊，你要聽。
耶和華我們神是獨一的主。你要盡心、盡性、盡力愛耶和華你的神。
我今日所吩咐你的話都要記在心上，
也要殷勤教訓你的兒女。
無論你坐在家裡，行在路上，躺下，起來，都要談論。
也要繫在手上為記號，戴在額上為經文；
又要寫在你房屋的門框上，並你的城門上。

妥拉西瑪所記載的耶和華最偉大的旨意，就是「殷勤教訓你的兒女」。耶和華告訴猶太人要教育兒女，明確指出教育的責任就在父母身上，所以教育子女這件事不能怠惰。

「殷勤教訓你的兒女。」這句話中的「殷勤」，在希伯來文中具有「雕琢」的意思，亦即教導子女的時候，就像在石頭、樹木上刻字一樣，「要重複教導直到他們了解為止」。「教導」在希伯來文中則具有「使其更加敏銳」、「反覆」等兩個意思，這代表著要教導以使子女透徹學習，透過教導幫助他們學習的意思。

而西瑪章句中的「談論」，是源自於希伯來文中的dibber，意思是「討論特定的事物、分享特定事物」。也就是說，希伯來文中的「談論」，是透過問題學習對話、討論、辯論的方法，也就是跟同伴分享對話、提問、討論的教育方式「哈柏露塔」（havruta）。

哈柏露塔的意思就是兩個人一組，彼此對話、討論、辯論的教育方式。也就是說，父親和兒子會成為夥伴一起學習塔木德，一個人提問，另一個人回答，如果有不明白的地方，或其中一人的主張不完整時，另一個人就可以指出問題。這並不是刻意挑對方語病或是找機會鬥嘴，而是以邏輯為依據，展開一場語言的辯論。

紀錄上也顯示，耶穌曾經進行過哈柏露塔，十二歲的年幼耶穌曾三天沒有回家，母親瑪利亞便四處尋找耶穌，花了三天才找到兒子。這時瑪利亞雖然開心，但也語帶責備地問耶穌「這幾天跑到哪去了」。結果耶穌的回答是，他在父親（天父）的家裡（亦即聖殿中），而且這三天裡，他「坐在教師當中，一面聽，一面問」。仔細想想就能明白，耶穌這三天不眠不休地進行提問、回答的辯論攻防戰。

將教育的準則西瑪傳授給子女，是父親需要負起的責任。只要孩子開始學說話，他們就會開始教孩子學習西瑪，猶太人的子女教育並不是交給老師或拉比，而是由父親負責。

猶太人時時刻刻謹記耶和華的旨意，一起床便背誦西瑪的內容，禱告和睡覺的時候，也總是會默唸西瑪。

他們非常虔誠地執行西瑪章節中「也要繫在手上為記號，戴在額上為經文；又要寫在你房屋的門框上，並你的城門上」這一句的內容。他們會將紀錄西瑪內容的字句，裝在名為「安家符」（mezuza）的狹長小盒子裡，再掛在玄關的門柱上，或是掛在手腕、戴在眉心。殉教者或一般人即將死亡時，也會在最後默唸西瑪，西瑪是保護猶太人的符咒，猶太人也透過西瑪獲得人生的慰藉。

有些人會疑惑「猶太人會不會太執著於律法？」這是牽涉到信仰的問題，猶太人聽從上帝的話，並遵循上帝的旨意過生活，且相信上帝會實現與他們的約定。出自申命記第二十八章的西瑪，就是上帝與猶太人的約定：只要聽從並實踐耶和華的命令，「耶和華就必使你作首不作尾，但居上不居下」。猶太人在異國的土地上被視作外來者，流散於世界各地仍未失去希望，正是因為他們堅信耶和華會實踐約定。

當猶太人在國家滅亡後流離失所，連能做禮拜的會堂都沒有時，都是在自己的家中完成禮拜，父親成為拉比，主持安息日禮拜、教育子女、主持安息日的晚餐。也是因為父親同時身兼教育者，所以即便他們長時間流散各地，仍然能夠堅守猶太民族的自我認同。

猶太父親會將自己所知道的一切傳授給孩子，不會因為自己不知道，就要孩子到會堂或學校去學。要是父親有不明白的事情，他們會親自學習之後再教導子女。在猶太家庭中，父親有專用的書桌，因為當子女來詢問他們不懂的事情時，父親就必須教導他們，所以猶太人最大的老師不是別人，就是父親。

TIPS

猶太人的妥拉與摩西五經

對猶太人來說聖經指的就是舊約聖經，耶和華傳授給摩西的五部律法書就是妥拉，也就是摩西五經。妥拉包括創世記、出埃及記、利未記、申命記與民數記。摩西五經讓世人知道，猶太人是被獨一的神耶和華所選中的子民，在歷史之中遭受各種試煉與苦難。

創世記紀錄著宇宙萬物的創始與起源，出埃及記則紀錄當時在埃及當奴隸的猶太人，在摩西的帶領之下逃出埃及的內容。

利未記紀錄猶太人的宗教儀式、禮拜與日常生活中必須遵守的規範，申命記則記錄摩西再一次強調，進入應許之地迦南之前，猶太人作為上帝子民所需遵守的律法。

民數記之名源自於最早的以色列民族人口調查記錄，其中記錄著猶太人前往應許之地迦南的途中所遭受的苦難。

等一下

一個貧窮的人一邊在森林裡散步，一邊和神對話。

他問神：「神啊，一百萬年對神來說是什麼呢？」

神回答：「對我來說，一百萬年的時間就像等一下。」

於是他又問：「那一千萬美元對神來說是什麼呢？」

神回答：「對我來說，一千萬美元的價值還比不過一美元。」

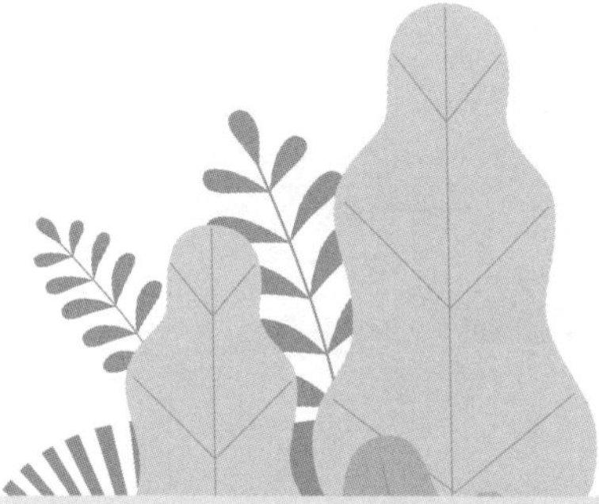

他聽完神所說的話之後，便鼓起勇氣提出自己的請求。

「那麼神啊，能不能請祢賜給我一千萬美元呢？」

神很快地答應了這個請求：「等一下給你！」

「someday」不存在於星期一、二、三、四、五、六、日當中。

「總有一天」是絕對不會來的那一天。要怎麼收穫，先怎麼栽。

為何我們即使明白真理，卻仍無法實踐呢？請不要心存僥倖！

猶太家庭打造天才的教育力量

即使會堂和學校遭到破壞也無妨，
只要有家庭的地方就有教育

歷史上猶太人曾經流離失所，被各國驅趕，再不然就是被強制安頓在猶太聚集區內。可是，無法好好接受教育的猶太人，卻出了不少思想家、藝術家、科學家、哲學家，向世人展現他們的存在。過去連塊土地都無法自由掌控的猶太人，究竟有什麼成功的祕訣？

我們或許能從猶太人優秀的教育系統中找出答案，不了解猶太人的教育，就無法理解他們成功的祕訣。不過從某個角度來看，猶太人的教育，其實非常平凡。

猶太人的教育目標是結合知識與人性的全人教育，這跟我們的教育目標並沒有什麼不同。要說差異在哪，就是他們會非常徹底地實現那個目標。

猶太人實踐妥拉與塔木德的內容，遵從耶和華「教訓（教導）你的兒女」的要求，他們數千年如一日，實踐祖先傳承下來的律法，遵照耶和華的旨意，以對話與討論、提問與回答的方式進行教育，這正是猶太人教育的力量。

猶太父母的家庭教育非常徹底。他們相信，即使會堂和學校都被破壞，但只要有家庭的地方就有教育。他們透過歷史親身體會到家庭教育的力量，家庭會教導猶太人感謝、重視自己的家人，也是幫助孩子養成習慣與品性的最佳場域，父母不吝惜鼓勵、支持子女，子女也會表達對父母的感激。

對猶太人來說，安息日晚餐就是非常重要的教育場合，當被異族入侵，會堂遭到破壞時，猶太人還能夠維持他們的傳統，也是安息日晚餐發揮了力量。

安息日源自〈創世記〉中，耶和華創造世界之後在第七天安息的故事，於是猶太人也像耶和華一樣，在第七天的安息日放下一切好好休息。「工作完就休息」這樣平凡又普通的生活日常，卻讓安息日晚餐變得更加偉大。

前星巴克執行長吉姆・唐納德（Jim Donald）曾說過，和家人一起用餐、和母親分享的對話，對他的人生帶來極大的影響。美國前總統甘迺迪也曾說過，和家人一起用餐、分享對話、討論政治給他帶來很大的幫助，在那樣的場合學習傾聽對方意見、闡述個人意見的技巧，並獲得說服他人的力量。猶太人的教育方式就是如此獨特。猶太人會在國小入學典禮當天，吃下塗抹蜂蜜的字母餅乾，藉著這樣的方式體會到學習的甜美，而教學課程以及與日常生活相關的教養課程，則幫助他們學習許多能應用於日常生活中的知識。

他們選擇以寓教於樂的方式取代填鴨式教育，比起教導音樂理論，他們更會選擇讓孩子直接聆聽鋼琴演奏，體會「音」的不同；他們會讓孩子透過玩泥巴來了解泥土的性質；會讓孩子一邊做料理一邊學習數學的概念，也會透過有趣的猜謎幫助孩子思考學習。猶太父母懂得接受孩子與眾不同，耐心等待孩子慢慢長大，他們不會聘請個性急躁的人當老師，因為猶太人知道，教育需要巨大的包容心與無盡的等待。畢卡索小時候是個連字母都學不會的超級低能兒，還因此從小學輟學，畢卡索的父親鼓勵他說：「你如果去當軍人就會成為將軍，如果去當神父，就會成為教宗。」

愛因斯坦也是一樣，他很早就被老師認為是個沒辦法教的孩子，但愛因斯坦的母親卻說：「不用擔心，你不需要和別人一樣。」接著便開始教兒子學小提琴，還對周遭親友說：「我的孩子什麼都做得到，愛因斯坦一定會證明我是對的。」以此來鼓勵孩子。

六歲開始學小提琴的愛因斯坦，只花了七年就看透莫札特作品裡的數學結構。如果愛因斯坦的母親沒有忍耐、等待他成長，那麼人類的生活將會有什麼改變？

閱讀知名人士的傳記，會發現他們經常提到幼年時期或青年時期，父母、老師或身邊的人的一句話，改變他們的人生。

讓我們來看看帶領英國贏得第二次世界大戰的邱吉爾，在他聲望最高的時候，有間報社做了一個很有趣的嘗試，記者將從幼稚園到軍校時期，教過邱吉爾的老師都列出來，要邱吉爾從中選出對他影響最大的老師。不料邱吉爾說：「記者先生，你這份名單裡面漏掉一位最重要的老師。」

記者很驚訝地問他說是誰，邱吉爾回答：「我的母親！」

他透露，因為有母親的教導，才能讓他成為英國首相。

猶太人的成功祕訣無法簡化成一、兩點，但他們獨特的教育力量，幫助他們不斷創造成功神話。他們將安息日晚餐的時間，當成是一段療癒彼此的時光，全家人聚在一起，給予彼此支持、鼓勵與活下去的力量。猶太人的「床邊故事」文化，也改變了人類的生活。文化的力量很強大，猶太人這套從〈創世記〉起傳承了數千年的教育系統，真的很令人羨慕。或許是因為這樣，當今的政府只要換了領導人，教育方針也隨之改變，才更令人感到惋惜。

TIPS

猶太人的床邊故事

猶太父母無論白天再怎麼忙，也有絕對不會忘記的事情，那就是在孩子入睡之前讀童話給他們聽，入睡之前是孩子與父母交流的魔法時光。

以色列的母親會在床邊，讀猶太民族的智慧之書《塔木德》或童話給小孩子聽，她們不會一次把有趣的故事讀完，而是會每天讀一點點，讓孩子在睡著之前想像接下來的發展，親子之間會有一段這樣的對話：

母親：壞人抓走了美麗的公主對吧？

孩子：公主被壞人抓走了嗎？

母親：你想想看，公主會怎麼樣呢？

在跟孩子對話的時候，她們不會使用命令的口吻，也不會提出只有一個答案的問題。孩子從學校回來之後，要是聽到「把衣服脫了！去吃飯！去寫作業！」這種命令句，便會心生害怕。我們可以試著用問句引導孩子，像是用「你是什麼時候穿上那件衣服的」代替「去把衣服脫了」，以問句來引導孩子說出「那我去把衣服換掉」的回答。當孩子提問的時候，也不要馬上回答，而是要用「你怎麼想呢」來反問，這樣才能給孩子思考的機會。

猶太人開始學說話時，只要想到父母會在床邊讀童話給他們聽，就會讓他們感到非常溫馨。聽著那些聖經裡的故事，或是大衛與巨人歌利亞的故事等偉人傳記內容，孩子就會慢慢走進想像的世界。電影導演史蒂芬史匹柏曾經透露，他創造一部電影的想像力來源，就是小時候與父母共度的床邊故事時光。

學習的習慣，就是一輩子的資產

對猶太人來說，唯一的財產就是知識與智慧

猶太民族被稱為「書的民族」，塔木德教導他們「可以拒絕借錢給別人，但不能拒絕借書給別人」，所以大部分的猶太人家裡都有很多書，也有一個很大的書房，他們認為家中要是沒有書，就相當於沒有靈魂。

他們一輩子都與書本為伍，研究、思索書的內容，所以猶太人作家輩出。有句話說，每九個猶太人中就有一個是作家。

猶太商人早晨上班時讀塔木德，傍晚下班時也讀塔木德，安息日也會花好幾個小時專注讀塔木德。

即便這樣勤勞的閱讀，每一次閱讀仍要花上他們七年的時間。他們讀完一本塔木德，就會召集親朋好友聚在一起開慶祝派對，他們把對學問的熱情當成最大的驕傲。有一句猶太俗諺是這樣說的：「花二十年學的東西，只要花兩年就能忘記。」這句話的意思是告訴我們，人一輩子都不能離開書本，猶太人不會稱別人為「賢人」，在他們的觀念中只有「不斷學習的人」。他們區分一個人的標準，只有「學習的人」與「不學習的人」，若再更誇張一點，甚至可以將「不學習的人」解釋成他們不是人。

舊約聖經的〈申命記〉第六章第二節中提到，「好叫你和你子子孫孫一生敬畏耶和華你的神，謹守他的一切律例誡命，就是我所吩咐你的，使你的日子得以長久。」他們會反覆教導，直到子女將這句話牢記在心裡，而為了達成這個目標，親子之間的學習絕對不能停歇。

對猶太人來說，對神恭敬就是一種學習，他們去會堂做禮拜的時候不只是為了禱告，也是為了讓親子能聚在一起學習妥拉，他們藉著每天努力學習，以盡到對神的義務。

猶太人認為若父親無知，那麼子女肯定也很無知，所以他們才會勤於學習，並瞧不起那些無知的人。

「即使散盡家財，也一定要讓子女受教育，讓他們懂得讀寫」，這是猶太民族世代傳承的訓誡。

有句猶太格言是這樣說的：「沒有知識的人便一無所有，沒有智慧的人也一無所有。」這句格言告訴我們，對猶太人來說，唯一的財產就是知識與智慧。

下面這個小故事，可以幫助讓我們了解學習塔木德的重要性。一群大富豪與一位拉比乘著一艘滿載金銀財寶的船，富豪們不斷比較財產的多寡，炫耀自己比對方更加富有。這時拉比悠悠說道：「這裡最富有的人不是你們而是我，但我沒辦法在這裡讓你們看到我的財富。」

不久後那艘船遭遇了颱風，一陣大浪撲上來，將富豪擁有的金銀財寶全部捲走，船抵達港口之後，富豪們終於了解拉比所說的話究竟是什麼意思。這個故事讓我們了解到，猶太人重視知識與智慧的思考方式。

由於猶太人認為學習是從出生到死亡的終身課題，所以他們會讓子女在幼年時期盡情地玩樂，也因此面對學習這件事，他們並不會焦躁不安。

為了讓剛開始學習的孩子，懂得學習是有如蜂蜜一般甜美的事情，他們會讓孩子用手指沾蜂蜜學寫希伯來字母，跟著寫完二十二個字母，孩子就可以把手指上的蜂蜜吃掉。這樣的教育方式，是為了讓孩子從小就自然熟悉學習這件事，體驗學習這件事如蜂蜜般甜美。

猶太人一生最大的目標就是子女教育，他們會慢慢為孩子開拓知識的視野，不讓孩子在成長階段對學習感到厭煩，他們會幫助孩子自然接觸知識，培養孩子的好奇心，讓孩子了解到學習是有趣且快樂的事。

讓孩子在大自然中盡情學習，因為即使不教，孩子也會不斷提出跟這個世界有關的問題，所以他們會帶著耐心，以對話的方式帶領孩子學習。他們會讓孩子聆聽草叢中昆蟲的聲音以感受大自然的樂趣，會讓孩子藉著抓魚、跟朋友一起玩捉迷藏，學習人際互動的方式。

對猶太人來說，學習就是最大的樂趣。他們將藉著自我學習、領悟，拓展智慧的視野，當做人生最大的樂趣，他們不會以「長大之後要當醫生」這種方式來限制子女的未來，雖然他們鼓勵學習與鑽研學問，但他們並不會強迫孩子為了當醫生而讀書。

孩子的未來選擇，跟孩子自己的幸福息息相關，所以如果孩子說想要學鋼琴、小提琴，他們就會盡可能讓孩子去學，並教孩子想做就要做到最好，不想做就乾脆不要做。

一輩子都樂於學習的猶太人，就是藉著學習、思考的文化與知識的力量，累積了上百億、上千億的財富。

猶太人有個很獨特的文化，那就是結婚之後的第一年裡，新郎可以用一整年的時間學習塔木德，這段時間可以不工作賺錢，如果是為了讀書而不上班，國家就會給予補助，這是因為在猶太家庭裡，父親要負責教導塔木德，他們提倡終身學習，國家也設立了「父親學校」。

或許是因為這樣，所以猶太父親的權威依然健在，子女不能隨便坐父親的位置，父親不光負責子女教育，也肩負著支持妻子、鼓勵孩子、帶領整個家庭的責任，父親的權威，就是子女的精神支柱。

季辛吉就是將父親當成人生典範來學習，進而成為全世界最有權勢的人。季辛吉是第一位擔任美國國務卿的猶太裔人士，他在自傳中透露，從小他每個星期和父親一起學習，他的父親在德國擔任一所女子高中的校長，而他們所居住的房子中，共有五個房間塞滿各式各樣的書籍。

他說自己從小就看著父親學習的樣子，這也帶領他走進學問的世界，並成為他深入學習歐洲外交史的契機。季辛吉華麗的外交背景，都有父親參與的痕跡。

猶太人會花一輩子的時間努力學習，這都是為了讓自己每一天都能過得比昨天更好，讀一次塔木德就要花上至少七年的時間，這才是真正在為了長遠的未來而學習，他們的成功皆其來有自。

經營麵包店的人會研究跟麵包有關的知識，經營餐廳的人會學習跟餐飲有關的知識，父母留給他們的最大遺產就是學習的習慣，這也是為什麼猶太人總是能夠獲得成功。

TIPS

教育不是教導，而是幫助他終身學習

對猶太人來說教育並不只是教導，而是終身學習。在希伯來文中，教育具有準備的意思，猶太人認為要過上像樣的人生，就必須要終身學習，這也是他們來到這個世界的義務。猶太人認為，人類不可能得道成一個完美的人，所以教育的目的並不是用來達成什麼目標，而是每天每天持續提升自己，這和經過嚴格的修養進而得道的佛教教義不同，猶太人的墳墓裡之所以會放書，就是因為他們相信人死後依然要繼續學習。

猶太人至今仍認真閱讀塔木德，是因為學習這件事本身，就是猶太文化最大的創造力。

以塔木德培養子女的創意

塔木德是有智慧的偉大學習

猶太人是喜歡學習的民族，他們從三歲開始就學習希伯來文字母，五歲開始學習英文字母，學完字母之後就會開始閱讀妥拉、學習塔木德。塔木德主要是和父親一起學習，遇到不懂的地方就藉由提問、對話和討論來研究，猶太人的生活與塔木德之間的關係，就像是水和魚一樣無法切割。

塔木德在希伯來文中代表「偉大的學習」之意。猶太人一輩子閱讀塔木德，他們相信唯一的上帝，徹底服從神的旨意，而妥拉和塔木德堅不可摧地守護著他們的生活。

塔木德會詳細解釋律法妥拉的內容，並且說明適用於生活中哪些情況，是猶太人生活中的百科辭典與智慧寶庫。其中不僅記錄了猶太人的傳統習俗，同時也充滿生活的智慧與處世之道。

閱讀一次塔木德要花上七年的時間。目前我們所熟知的塔木德，都是由知名拉比的話或是故事所編纂而成的寓言集，但這只是其中的冰山一角。

原本塔木德並不是一本書，而是多達六十三本的龐大系列書籍，光是重量就有七十五公斤，由超過二百五十萬個單字寫成的偉大學問。因為內容如此龐大，所以猶太人才會以七年為單位閱讀，並花一輩子的時間學習。

一百個猶太人當中會有一百種不同的答案，他們每個人都有不一樣的想法，他們並不執著於找出彼此的共通點，而是追求承認彼此的不同。所以比起追隨朋友，他們更傾向於選擇沒人挑戰過的道路。以色列使用的語言「希伯來文」，意思是「自己一個人站在相反的一邊」。

猶太人會花上一整天的時間，辯論塔木德裡面的幾句話，一個人說出意見，另一個人就會提出疑問，並以個人的理論反駁，接著第一個說話的人會再反駁，並繼續以別的論述來說服對方、和對方辯論，他們就這樣透過如刀鋒般尖銳的辯論，找到適用於生活的道理。

猶太人認為「如果無法用語言說明，那就是不懂」。他們透過塔木德說服別人、和別人辯論，在這個過程中不僅能培養邏輯思考的能力，更能培養分析能力、推理能力和創意能力，他們甚至會找夥伴一起討論、辯論，鍛鍊自己的耐心以培養人格。塔木德是以選定一個主題，由拉比和弟子針對主題進行辯論的方式進行，追求一個問題可以有一百種回答的多元思考，他們可以針對一個問題，加入自己平時對政治經濟、社會文化、學問與藝術的想法展開辯論。

在猶太家庭當中，親子之間也會選定一個主題進行塔木德式對話，首先父母會聽子女說話，了解孩子的想法與立場之後，再提出自己的意見，雙方會為了說服對方展開辯論，最後再達成協議。藉著這種方式，培養思考的流暢性、包容性、獨創性以及想像力。討論的方向，可以包括：

- 放大會怎麼樣呢？
- 縮小呢？
- 合起來呢？
- 分開來呢？
- 接起來呢？
- 有其他用途嗎？
- 其他的方法呢？
- 換一下顏色呢？
- 翻面呢？

要透過塔木德進行辯論，最重要的就在於短時間內提出許多想法來解決問題。透過這樣的訓練，能夠激發出許多優秀的創意，重要的是如何讓人把這種短時間內提出想法的訓練當成遊戲，例如：

♥ 以不用的瓶子、罐子或報紙當成素材，想出五個回收再利用的方法！

♥ 磚頭的十種用途！

猶太人隨時隨地都能邀請孩子進行想像力訓練，可以在丟掉用過的空箱子或鐵桶之前，拿去問孩子說：「這個盒子要丟掉好可惜，可以用在別的地方嗎？」

如果是女兒的話，或許會發揮想像力回答「可以拿來裝髮夾」。大家可以試著找一個單字或一件事物，並寫下能夠聯想到的任何東西，可以直接寫下來，也可以像心智圖那樣，以主題分類並把想法記錄下來，這樣孩子應該會很開心。

塔木德式辯論最重要的地方，在於不要馬上告訴孩子問題的正確答案，因為這樣會讓才剛剛萌芽的想像力、推理能力隨之枯萎。

孩子問問題的時候，要告訴他們思考的方法，或是循循善誘地用一個個問題引導他們回答，引導出正確答案的有效方法，是一種稱為蘇格拉底反詰法的方法。曾經有人分別詢問以色列與韓國學生磚頭有什麼用途，韓國學生的回答多半是蓋房子、當做醬缸的支架等。

但以色列的學生的答案除了蓋房子之外，還有節省馬桶用水、打小偷、花盆的底座、釘釘子、綁住氣球避免氣球飛走、紙鎮、搭電梯時要是身高不夠，可以當做墊腳石等超過一百五十種不同用途。

塔木德就是培養子女創意的寶庫，持續透過塔木德辯論訓練思考的靈活度，就能夠鼓勵孩子努力想出更好的答案，有哪一個民族，時至今日仍實踐著數千年來代代相傳的教誨？

根據聖經所述，猶太人受飢荒所苦，離開了原本的土地前往埃及，但卻在那裡成了奴隸，這時拯救他們的人是摩西，摩西在西奈山上與耶和華對話了四十天，並從耶和華那親自獲得妥拉，聖經中明白記錄著上帝頒布十誡與律法給摩西，要求猶太百姓務必遵守，連生活的每一個細節都有詳細的規範。

而祂也將未能說完的話另外傳達給摩西，摩西沒有辦法將上帝傳達的旨意寫成文字，只能以口述的方式告訴猶太人，而這就是塔木德。

舉例來說，耶和華頒布命令與律法給摩西，告訴猶太人「你們要在茅草屋裡居住七天」，接著便教導他們建造茅草屋的方法，這些教導摩西沒能用文字記錄下來，只能用口述的方式流傳，這就成了塔木德。從此以後，塔木德就由摩西傳給弟子約書亞、由約書亞傳給先知、由先知傳給拉比，再由拉比告訴百姓，就這樣在猶太人之間傳遞開來。

西元七十年羅馬軍隊攻入耶路撒冷，摧毀了猶太聖殿，使猶太人流離失所，流散於世界各地。在這段期間，無數的拉比將世界各地的猶太百姓團結起來，教導百姓學習塔木德，以守護他們的民族認同。

但即使是腦袋最好的拉比，也很難完整地將律法背誦下來、傳遞出去，所以幾位先知便將口耳相傳的塔木德撰寫成冊。一位名叫阿基巴（Akiba）的拉比就彙整了過去幾位拉比的教導，而他之後的幾位拉比，也正式將口傳的塔木德撰寫成書。

猶太人的妥拉有很多象徵性的內容，所以他們的抽象思考能力非常發達，他們必須誠心地想像眼睛看不見的上帝與大自然，並熟悉將這一切內化的過程。直到今天，猶太人依然相當注重閱讀、辯論妥拉與塔木德的內容。就像「日新又新」這句話一樣，如果沒有每天做一點改變，那就沒有任何意義，智慧也是每天都要有新的領悟，否則不會有所長進。

塔木德的第一頁與最後一頁都是一片空白，那裡是要讓猶太人寫下個人見解的空間，每個人都可能對塔木德有不同的解釋，這就是希望能夠透過討論與爭辯找到屬於自己的真理，由自己來完成第一頁與最後一頁的意思，這也正是讓猶太人這個小小的民族之所以強大的原動力。

TIPS

偉大的學習，塔木德

塔木德是猶太人的精神支柱，隨著撰寫地區的不同分為耶路撒冷塔木德與巴比倫塔木德兩種。耶路撒冷塔木德是在西元四百年左右完成的，後來因為羅馬帝國的佔領而遺失。而目前我們所知道的塔木德，則是巴比倫塔木德。

西元七十年聖殿遭到摧毀，猶太人為了維持民族認同，將散落在各處的訓育編成一本書，便成了我們所知道的塔木德。

西元兩百年左右，完成了「農業、宗教節氣、婚姻、民法與刑法、祭祀、儀式」等六個主題，這就是塔木德的前身「米書拿」。

米書拿記錄著對妥拉的詮釋，以及個人生活的教導。由於在編纂的過程中，綜合了許多拉比自由討論出來的內容，所以要套用在日常生活中並不容易。為了讓律法能更容易套用在日常生活中，猶太人才會請先知針對米書拿的內容進行補充說明與解釋。

塔木德口傳時期，每一位先知的解釋與見解各不相同，所以米書拿中也記錄了每一位先知的詮釋，紀錄這些內容的經典稱作「革馬拉」。

拉比們在完成「米書拿」與「革馬拉」之後，現在的塔木德終於成形。現在的塔木德是由兩千多位學者，花費十年的時間，將西元前五百年至西元五百年這大約一千年來口傳的內容整理而成。

也就是說，到塔木德真正完成之前，約有一千年的時間都是以口耳相傳的形式傳承。

不久前，巴比倫塔木德在紐約的拍賣所以一百一十億美元成交，這個數字相當驚人，是史上以最高價售出的猶太教文獻。

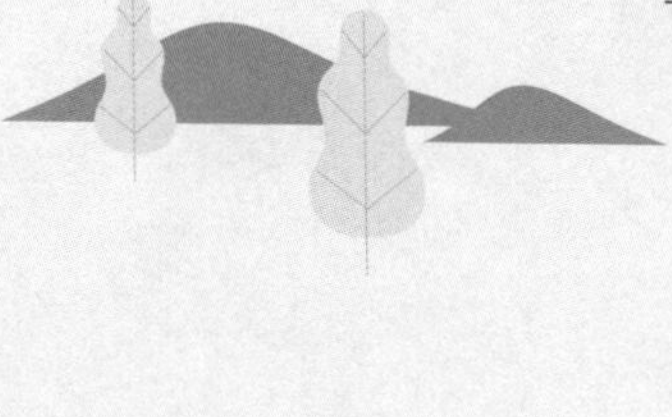

用塔木德式對話法問問題

更好的問題可以獲得更好的回答

猶太人是重視提問的民族，不是那種父母提問、孩子回答的「提問」，而是無論孩子想知道的是什麼，都讓他們盡情提問的意思。猶太人之所以能夠在國際間獲得出色的成果，是因為他們有在日常生活中讓孩子盡情問問題的文化。

舉例來說，亞洲有些國家非常重視禮儀，所以總是教導孩子大人在說話的時候絕對不能插嘴，如果插嘴或是提出自己的意見，就會被當成是沒禮貌的孩子。因此在這種文化下長大的孩子，很難為自己發聲。

但猶太人很重視孩子的好奇心與問題，那些越是不著邊際的問題他們越歡迎，他們不會打模糊仗或是隨便蒙混過關，比起草率給出答案或是讓孩子一知半解，他們更傾向於讓孩子一邊提問一邊學習。

孩子經常會提出超乎父母想像的問題，一般父母如果被問到啞口無言，或沒辦法很快想出答案時，就會用「不該問這種問題」來讓孩子閉嘴，但猶太人卻會以「你怎麼想」來反問，因為他們認為問題沒有分好壞或有沒有用。

筆者也和一般的父母一樣，曾經用過這種方式讓孩子閉嘴，我們家老二有皮膚過敏的問題，為了照顧他的皮膚，我們會花很長的時間洗澡，洗澡過程中他便不斷問問題，真的讓我筋疲力盡，起初幾句話我還很慈祥地回答，但他那一個接著一個的問題，終於讓我用「夠了！拜託你不要再問了！」來讓他閉嘴。

但猶太人卻會包容孩子的問題並耐心回答，他們不會阻止孩子提問、說話，而是會用心聆聽、接受。

猶太人讀書時絕對不會自己一個人讀，他們會找一個夥伴，以提問對話的方式吵吵鬧鬧地讀。在日常生活中也是，以提問對話的方式和父母交流，即使面對兄弟姊妹，同樣會表明自己的立場與想法，展開提問與對話，有猶太人在的地方，便隨時都很吵鬧。

他們會說出自己的主張，用像在吵架一樣的音量努力說服對方，甚至會用上肢體語言、眼神等，在吵雜的氣氛中溝通。猶太人的這種交流方法，稱為「哈柏露塔」，哈柏露塔是兩人一組，針對一個主題彼此提問、回應、討論的一種猶太文化。

猶太人的日常生活大多都是在討論。父母與子女或朋友與朋友相互提問、交流，這不只是形式上的對話，而是抱持著對彼此的尊重與支持進行對話。他們希望藉著回答彼此問題的過程，讓對方說出自己沒有注意到的部分，並從對方的回答當中找出不同的想法，成為彼此的老師、幫助彼此成長。

當然，為了說服別人而深入了解自己的主張，並以此進行提問、對話，是有可能會變得更加激動，也可能演變成更激烈的爭論，看起來就像在吵架一樣。

不過若他們承認自己的想法有錯，那就會很快接受對方的想法，並為整個討論作結。猶太人會很爽快地接受爭論，這點和重視人際情分的儒家文化不同。

在東方儒家文化社會的氛圍下，討論並不是件容易的事，如果針對特定主題進行討論、爭辯，參與者往往很容易忘記討論的主題，反而因為對方不認同自己而受傷。塔木德中有句話說：「好的問題能夠獲得好的回答。」也就是說，以自己的想法提問，就可以獲得更好的回應。所以猶太人所有的教學，都是以對話和討論的方式進行，不是由父母或老師單方面說明，而是由孩子主動提問，並以對話的方式教學。

在猶太人的教育中，猶太師長最重視的就是提問，比起成績他們更重視提問與討論。孩子放學回家後，我們常會問「學了什麼」，但猶太人是會問孩子「在學校問了哪些問題」。學習塔木德時，老師也不會自己一個人唱獨角戲，和我們熟悉的老師站在教室中央說明，學生安靜聆聽的教育模式完全不同。

猶太學生會兩兩一組，自由提問、對話、學習。塔木德也告誡猶太人：「不說話的學生便學不到東西，」警惕他們不要只會靜靜聽人說話，因為他們知道，提問可以培養思考的能力。

把話說好的秘訣就是好好聆聽，一個人被問問題就一定會開始思考，傾聽別人說的話並針對內容提問，對問題提出不同的看法，這就是創意的源泉，允許自由提問與揮灑各種想法的提問討論文化，就是猶太教育的核心。

當子女問父母說「風沒有形體也沒有顏色，但我們怎麼能感覺到風」的時候，猶太父母並不會回答得很深奧，而是會反問：「你覺得為什麼會這樣呢？」猶太父母認為問題沒有正確答案，最重要的是提出「為什麼會這樣想」的根據，並努力說服對方接受自己的想法。

猶太人提問的習慣可以使大腦更加發達，這是有腦神經科學理論作為根據的。人類的大腦在遇到問題的時候，會為了找出答案而辛勤運作，進而刺激大腦神經網路的連結，神經會因此更加發達，學習效果也會更加出色。

猶太人這種運用人類所有感受來學習的方法，就是刺激大腦發展的有效方法，猶太人在讀書的時候，也會很大聲地唸出來，坐在位置上閱讀還不夠，他們會起來邊走邊唸，運用全身的感受去學習。

為了回答問題，他們會非常專注去聽對方說的話，並把自己的想法說出來，說出來的同時，也會移動身體聆聽對方要說的話。

被問題訓練得很強壯的猶太人，透過對話與討論接收他人多元的想法，並從中找出與眾不同的思維，與眾不同的思維也就是創意。

TIPS

塔木德式對話法

如果走在路上孩子突然看著天空問：「天空為什麼是藍色的？」你會怎麼回答呢？

①「天空原本就是藍色的啊。」

②「我很忙，我們快點走吧，要遲到了。」

③「別問些沒用的事情。」

④「你覺得是為什麼呢？」

大人認為天空理應是藍色，針對這問題做出的反應大致可分為這四種，究竟會有多少人深入思考天空為什麼是藍色的，然後再好好回答孩子的問題呢？

猶太人的塔木德式對話會選擇第四個答案。

即使自己無法回答這個問題，他們也會以「為什麼呢？你怎麼想？」來回應，他們認為提問是提升思考能力的大腦活動，所以會對眼睛所見的一切抱持著疑惑，並享受提問這件事。

即便沒有正確答案，但討論本身就是一件很有意義的事，所以他們會找出立論的根據，並努力獲得正確答案。他們會以有邏輯的依據，來說明自己為什麼會這樣想、是否同意對方的想法，以及為什麼不同意對方的想法。對猶太人來說，討論就是一種娛樂。

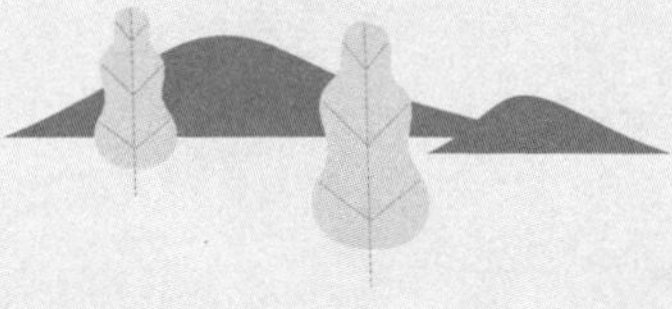

打造教育環境的猶太人

不要比較孩子聽不聽明，而是比較孩子的個性

猶太母親對教育的熱中程度與眾不同，她們認為自己是將上帝的教誨傳承給子女的第一位教育者，且相當引以為傲。她們也認為教育子女是女性的權利，因此在養育子女的時候，她們會帶著耐心守護孩子，持續觀察孩子喜歡些什麼。她們會認同孩子天生的才能，幫助、教導孩子找出屬於自己的專長。

塔木德告訴猶太人：「不要比較孩子聽不聽明，而是要比較孩子的個性，」所以猶太母親會避免拿孩子跟兄弟姊妹來比較，她們會努力保留孩子原本的個性，把孩子養成最獨特的樣子。

季辛吉的弟弟沃爾特曾說過：「小時候哥哥跟我是競爭對手，但我們的競爭並沒有很激烈，我們做的事情不一樣，個性也不同。」這是因為他們的母親，把他們倆兄弟當成獨立個體來看待。

哥哥成為美國國務卿，而沃爾特則是備受尊崇的電力公司老闆，他在哥哥擔任國務卿時說過：「報紙不要整天追著我哥哥跑，也應該要報導一下我的成功經驗吧。」這是相當健康的競爭心態。猶太人也以愛護手足而聞名，這是因為他們的父母不會有差別待遇，而是將每個孩子當成獨立個體來尊重。

不希望子女毫無個性的猶太母親，會教導孩子「比起跑得比別人更快，更應該變得跟別人不一樣」，和別人不一樣，也就是成為世界上獨一無二的自己，要有個性、有創意。

讓我們來看看時尚設計師凱文·克萊（Calvin Klein）的例子吧。凱文·克萊的祖母是位裁縫師，從小他便把幫娃娃做衣服當成樂趣，他喜歡在紙上設計衣服，並且素描母親的樣子，他的夢想和一般同齡的男生不同，上了高中之後，他開始喜歡設計女生的衣服。

凱文的母親希望兒子可以做自己喜歡的事，所以雖然他是個男孩子，但還是二話不說地把他送去設計學校學設計。

如果凱文．克萊不是猶太人，而是出生在韓國的話，會變成什麼樣子呢？

當時由男性設計女性服飾這種事並不常見，也是因為有一位猶太母親支持他做自己喜歡的事，並幫助他把這件事情做好，所以才有今天的凱文．克萊。

猶太母親認為在學習的環境中，幫助智能發展的玩具是不可或缺的東西，她們要給孩子玩具的時，也會考慮到教育方面的事情，比起買新的玩具，她們更善於利用周遭的事物，周遭一些無關緊要的東西，都可以當成玩具、教具，有趣的遊戲和猜謎，可以刺激孩子的好奇心，進而幫助他們發展想像力。

等孩子再長大一些，就會升級成更難的猜謎，她們會帶領孩子走進深沉廣大的思考世界。父母認為有趣的猜謎遊戲，可以培養孩子的想像力、語言能力，同時也是分享學習喜悅的幸福教育遊戲。

塔木德教導猶太人說：「盲目追隨他人教導的人，會使自己與身邊的人跟著腐敗。」這是在強調比起追隨既有的傳統觀念或權威，更應該自由思考，挑戰打破既有的框架、進行新的嘗試，所以他們尊重那些超出一般人思考範圍的奇思異想。

因為有這種自由的思考和與眾不同的創意，使得許多猶太人成了跳脫既有框架的改革者和創新家，不糾結於他人想法的自由思維，是想像力與創意的根源，也是使猶太人成功的力量。

「還有比這更好的方法嗎？這是正確的嗎？有沒有其他的替代方案？」創意的發想就是來自不斷的思考。

有智慧的父母不會貪心地想要教孩子更多東西，而是會配合孩子的步伐，觀察並發現他們的個性，找出孩子擅長且與眾不同的特色，給予全面的支持與鼓勵。

孩子是由懂得幫助培養自信的父母一手打造出來的，因為父母因材施教，

所以才會有愛因斯坦跟史匹柏。

TIPS

猶太人的子女教育十戒條

1. 教導孩子：學習像蜂蜜一樣甜美。
2. 教導孩子：重要的不是「比別人更好」，而是要「和別人不一樣」。
3. 為了幫助孩子終身學習，要讓孩子在小時候充分玩樂。
4. 教導孩子：比起安靜聆聽專注學習，更重要的是懂得如何說話。
5. 教導孩子：一個缺乏智慧的人，在每一個方面都有待加強。
6. 教導孩子：做事時應該動腦，而不是直接採取行動。
7. 即使嚴厲地訓誡孩子，也要在睡覺時溫柔地哄他入睡。
8. 不關心子女教育的父母，就是對神犯了罪。
9. 父親是子女的精神支柱，父親不能沒有休假。
10. 教導孩子可以原諒曾經傷害自己的人，但不要忘記自己受到的傷害。

猶太人都是兄弟

因為大家都是兄弟，所以沒有「像兄弟一樣」這句話

有句話說，猶太人就像一塊布一樣被編織在一起，離開了這塊布，便沒有人能獨自存活。對流散於世界各地，經歷漫長歲月的猶太人來說，唯有家庭與民族才是能夠依靠的珍寶，唯有家庭才是在這險峻世界賴以生存的基礎。塔木德教導猶太人「家庭是最小的社會單位，忽視家庭的人便不會對社會有幫助，也無法成為龐大社會的一員。」

他們是最重視家庭的民族，即使遇到困難也會團結在一起，以家人之名共同克服，家庭成員會成為支持彼此的最大力量，更會鼓勵彼此，一起解決問題。

據說對猶太人來說，「像兄弟一樣」這句話是不存在的，因為大家已經是兄弟了。初次見面的猶太人很容易就能拉近距離、幫助彼此，這一點也不奇怪，猶太人將自己比喻為蘆葦，猶太格言說：「一個人再怎麼力大無窮，都無法獨自折斷成綑的蘆葦。」

他們這種家族共同體的思考模式，創造出名為猶太民族的龐大組織，四散在世界各地的猶太人，就像一個巨人的身體，假使有人踩踏這具軀體，全身都會感到疼痛，若有人使勁地捏巨人的臉頰，痛苦也會遍佈全身，而這也是使今天的猶太人之所以強大的原動力。

他們要是成功，就會邀請自己的兄弟姊妹加入，以家族為中心來經營事業。羅斯柴爾德家族與華爾街的雷曼兄弟等，就是家族事業的知名例子。為了達到目標，全家人都必須幸福、都必須有效溝通，藉著合作與競爭教導子女友愛，培養家族共同體的力量。

當手足之間發生爭吵時，父母會成為仲裁者，完整聽取當事人的意見之後，再公平判定誰對誰錯。古往今來，家人之間絕對都存在著競爭與爭吵，但若無法公平做出判斷，反而偏袒其中一方的話，就會因為嫉妒與猜忌，而引發更嚴重的爭吵與爭端。

家庭對猶太人很重要，跟家人之間的對話，也必須開誠佈公地把事情說清楚講明白，由於在安息日的時候什麼也不能做，所以家人之間，便會自然而然展開對話，若家人之間沒有對話，那父母就無法得知孩子在日常生活中是否因交友關係、家庭關係而受傷，是否在情緒上遭遇困難。

若家中有人發生任何情況，那就必須開誠佈公地討論事情的原因與結果，如果在情緒化或激動的狀態下談論，一不小心就可能演變成一般的批判或引發怨恨，所以必須要冷靜對話，以尊重、顧慮彼此的立場出發，帶著彼此支持與鼓勵的態度交流。

一般來說對話除了語言交流之外，還包括肢體語言、聲音語調等非語言的元素，透過與家人之間的對話，也更能掌握自己不想說、想要隱藏或感到害怕的事情，透過與家人對話可以很快地發現，每一位家庭成員內心受過的傷與面臨的問題。

家庭的和睦看起來好像需要很多東西，但其實只要彼此尊重、為對方著想，就能讓全家人感到快樂與幸福。家庭是情緒共同體，為了穩定每一位成員的情緒，必須藉著肢體接觸來擁抱彼此，家庭成員相互擁抱、安慰，溫柔地在耳邊低語，那就能幫助家中的人戰勝來自外界的疲憊與緊張。

破壞家庭關係，引發家庭成員衝突的經典作為，就是父母不成熟的情緒表現，父母若以自己的情緒為優先，總是對子女發脾氣，那就是一種沒有顧及子女情緒的行為，會使子女受到莫大的傷害。

雖然每個人的情況不太一樣，但跟情緒不穩定的父母一起生活，大多數的人都會變得比較暴躁，因為大家無論什麼事情都必須要把彼此當成敵人，這樣才能夠保護自己的情緒。子女小時候會因為不知道該怎麼處理這些不快的情緒而忍耐，到了青春期，那些壓抑的情緒便會爆發，進入難以控制的狀態。

通常是在父母認為自己有絕對主導權，認為自己是強者的時候，才會過度表現出不必要的情緒，若父母因為一些小事而動怒、不愉快，子女長大之後就會不想看到父母，他們會為了不再受傷而築起一道心牆。

猶太格言說：「當子女哭鬧時，不應該威脅他們，應該要懲罰或是原諒他們。」不能讓孩子在父母的養育下感到憂鬱、怯懦，不該讓孩子看父母的臉色，無論父母多麼盡責，若是經常生氣的話，那其他的一切便沒有意義。

父母始終如一的態度比什麼都重要，父母的態度若沒有始終如一，而是隨情緒改變的話，那一切都會陷入混亂，這樣的態度會破壞孩子的自信，並且對自信的建立帶來負面影響。

若父母不夠成熟，情緒管理不好，平常就會對子女表現出過度的關愛，無論子女想要什麼，他們都願意完成，當孩子要求父母讀童話書時，他們會願意讀到口乾舌燥，但卻會在轉眼間突然對孩子發火說：「夠了吧，已經讀幾本了？」其實如果覺得很累，就不要假裝自己心情很好，硬是去讀故事書給孩子聽，勉強自己去讀，反而會造成比不讀故事書更糟的結果。

父母若從來不顧及孩子的情緒，那麼未來孩子也會因為希望子女和配偶能夠填補自己缺失的愛，而不斷感到生氣、煩躁，這種依賴的需求，未來會轉嫁到他們的子女與配偶身上，他們會認為「你們應該要諒解我，應該要保護我的情緒」，或是一點小事就覺得「為什麼要小看我」，感覺自己不被當一回事而導致情緒爆發，這兩種父母在和子女一起搭車時，可能會有下面這樣的反應：

爸爸現在開車行駛在路況複雜的市中心，但孩子把背包放在家裡沒有帶出來在旁哭個不停，如果是一個懂得安撫孩子的爸爸，一定會這樣說：「再等一下，我們要開出這條路要花一點時間，到時候再回家去拿背包。」

但如果是不懂得控制情緒的父親，遇到路況不佳便會感到煩躁，再加上孩子吵吵鬧鬧，他們會無法控制自己的情緒而發怒。

「喂，你還不安靜點？塞車塞成這樣，沒看到爸爸在開車嗎？你是想要我怎樣？不就跟你說要記得帶背包嗎，今天就算了吧！」

因為平時就沒有人顧及他的情緒，所以他們不懂得如何體諒他人，比起外在的情況或是孩子的情緒，他們會更以自己的情緒和情況為主。

我們在交流想法時很容易責怪對方，而不是客觀去探討問題的原因，家人之間產生衝突的情況也是一樣，因為不認為問題出在自己身上，所以夫妻或親子之間，就不容易透過真摯的對話解決問題。

但無論是什麼問題，原因都一定在自己身上，從客觀的角度來看，解決家庭問題需要的是彼此尊重、為彼此著想，不要因為任何一個人而傷害到家人的感情。

TIPS

猶太教師的選拔條件

猶太社會中拉比是最令人憧憬的對象，被稱為教育民族的猶太人，把教學這件事看成是最神聖的事，他們認為教學是需要忍耐且非常困難的事情，所以在選拔教師的時候，他們不會採用個性急躁的人，因為在教學過程中最重要的就是耐心，

猶太人認為會隨便對待學生，或是容易生氣的人就不適合當老師，因為他們認為會用粗魯的語氣辱罵學生的老師，並不是對學生不滿，而是對自己感到不滿。

塔木德教導他們說：「教育是耕耘心田的工作，」因為教科書上的知識很容易被遺忘，但銘記在心的智慧卻是沒齒難忘的。

休息一下：猶太人的幽默

暴發戶家庭與猶太家庭

有一戶突然成為有錢人的暴發戶，搬到有錢人居住的郊外高級住宅區，但這戶人家並不滿足於此。社區裡有只限ＶＩＰ加入的俱樂部，他們希望能夠成為俱樂部的會員，所以竭盡所能地對社區住戶展現出溫和、友好的一面，當然，為了博得社區住戶的歡心，他們事先擬了一套策略，總之就是為了加入俱樂部而展開一連串的攻勢。

其中父親會故意花時間到鄰居家拜訪，他會到這邊去親切地傳授提升高爾夫實力的秘訣，又到那裡去教導大家整花園的方法，母親到了晚餐時間，便挨家挨戶去傳授甜點的做法、餅乾的烤法等等，營造出歡快的氣氛，再把好吃到讓人讚不絕口的蛋糕獨門食譜分享給所有人。

上大學的兒子會把同系的朋友帶回家來，邀請他們跟鄰居的女孩子聯誼，而女兒則會免費地替社區的住戶照顧小孩。

後來社區俱樂部的負責人們聚在一起，審查這戶人家的會員申請，但大家的反應並不是太友善。

「這家人實在太自以為是了。」

這邊的住戶說完之後，又換那邊的住戶說話。

「還有，他們老是一副自己很厲害的樣子，真的只是一群很愛面子的俗人。」

但有一位會員這麼說：「有比這戶人家更有禮貌的家庭，那是一個猶太家庭，不久前搬到附近來，我跟那家的男主人碰過面，他說要種玫瑰，請我幫忙提供一些意見，我覺得他們是謹慎且穩重的一家人。」

其他的幹部也在一旁附和。

「我太太也曾經跟她們家的女主人碰過面，她問了一些不是很困難的料理該怎麼做，完全不知道該說她是太無知還是太大方。」俱樂部的創辦人做出這樣的結論。「我有看到他們家的小孩請我女兒幫忙介紹男朋友，我覺得邀請他們加入這個俱樂部應該不錯。」

於是他們便拒絕了暴發戶的加入申請，欣然迎接猶太家庭加入俱樂部成為會員。

韓國的母親在孩子去學校的時候，都會叮囑說「要好好聽老師的話」，但猶太母親卻是會說「要多問問題」。

狗

有個人聽說魚肝油對狗很好，所以便開始每天餵狗吃大量的魚肝油。狗不喜歡魚肝油，但他卻硬是把狗的頭夾在自己的膝蓋之間，把狗的嘴扳開，用灌的把魚肝油灌進去。某天，不再掙扎的狗把整桶魚肝油給弄倒，魚肝油就這麼流了滿地。接著狗便趴在地上開始用舌頭舔起魚肝油，那時他才終於發現原來狗討厭的並不是魚肝油，而是自己餵食的方法。

思考便能夠想出新的方法，貧窮的人總覺得成為有錢人之後就會變幸福，有錢人則覺得胃潰瘍痊癒後就會變幸福。

- 只要不失去希望，逆境就是最好的機會
- 如果想要孩子終身學習，那就要在小時候讓他盡情玩樂
- 把他培養成一個善盡本分的大人
- 出自嚴格的愛、以右手懲罰他，就要以左手擁抱他
- 在可承受的範圍內，刻意製造困難
- 重視節制、遵守規範與正義的猶太人
- 如果可以戰勝自我，那就能戰勝任何人
- 享受幽默，重視團體意識的猶太人
- 稱讚過程勝於結果，將使成就感與自信心倍增
- 對話的主題不該是單方面的教導，而是闡述個人見解
- 因材施教的子女教育

Part 2

猶太傳統五千年，塔木德子女教育

重視苦難的猶太教育

只要不失去希望，逆境就是最好的機會

世界上沒有一個民族，會像猶太人這樣徹底紀念祖先遭受的苦難。猶太曆法中有超過三十天是要求猶太人要親身感受、哀悼祖先經歷的苦難與考驗，他們會在這些日子穿上喪服、斷食。猶太人為了不遺忘歷史，便以「逾越節」這個重要的節日來紀念歷史，逾越節是紀念被帶到埃及當奴隸的猶太人，在摩西的帶領之下逃出埃及的日子。

這時猶太人會模仿當時的人，吃著沒有發酵的麵餅以及苦澀的蔬菜，這是

為了記住那曾經身為奴隸的痛苦經驗。

他們努力記得這些不愉快的經驗，記住祖先曾經歷的失敗，以求更加成長茁壯。他們透過歷史明白，唯有苦難才能使人類更加堅強。

猶太人認為只要不失去希望，逆境就是最好的機會，所以他們也會自發性地為子女製造苦難。身為少數民族的猶太人，之所以能克服無數的苦難存活下來，就在於他們有不屈的意志與希望。

猶太人稱子女為仙人掌的果實「Sabra」，仙人掌雖然有很多刺，但仙人掌花卻是鮮豔的紅色，而且十分甜美，這也寄託了猶太人希望子女能像仙人掌一樣，在一滴雨也不下的沙漠裡開花、結果。

我們可以從這句話中，感受到猶太人經歷了流散世界各地的歲月，透過失敗不斷地鍛鍊自我，在苦難中存活下來的強韌生命力，他們認為失敗就是成功之母，所以總是會包容失敗的經驗。

塔木德教導他們「沒有比失敗更好的老師」，即使孩子做錯事或是失敗，猶太父母也不會責備孩子，反而會恭喜孩子出錯、失敗，成功可以使人成長、為我們帶來巨大的意義，而失敗則會使人怯懦、失去力量，但踩著失敗重新站起來的時候，人類會經歷到更大的成長。

塔木德說：「與其幫他抓魚，不如給他一根釣竿，」這句話的意思是與其直接把子女想要的東西給他們，不如教導他們何謂智慧。

猶太父母為了幫助子女獨立成長，會讓孩子從小就做家事，他們會讓孩子做可以獨立完成的事，從瑣碎的家事到其他大小事務，只要可以都會交給孩子處理。

其實叫孩子做家事，可能會讓事情更加不可收拾，或是變得更複雜，也可能會加重父母的負擔，但猶太父母還是會讓孩子從小就嘗試各種體驗，

一年的度假計畫也會交由子女主導，而孩子會為了全家人的愉快假期去搜尋、調查，蒐集各式各樣的資料，然後再和家人分享，父母會相信子女，並聽從子女的決定。猶太人會尊重並支持子女的選擇與決定，假使子女走上不同於

父母期待的道路，他們也只會提供意見，當然隨之而來的責任也須由子女自行承擔。

他們認為孩子在成長過程中會自己想辦法，他們相信孩子的無限可能性，他們認為人都需要失敗的經驗，所以即便經歷失敗與挫折，那也是孩子需要承擔的。

TIPS

猶太人的戰敗紀念日

猶太人的戰敗紀念日是個悲劇的日子，猶太人的歷史稱這天是受詛咒之日，在猶太曆法中，這是埃波月（陽曆七到八月左右）的聖殿被毀日（第九天）。

在猶太曆法中，埃波月是歷史上發生最多慘事的月份。

西元前五八六年耶路撒冷第一聖殿被破壞，失去了祖國的猶太人被擄掠，遭到強迫遷至巴比倫王國。西元七〇年，羅馬軍隊也在這個月份入侵耶路撒冷，消滅了猶大王國。一四九二年，居住在西班牙的猶太人遭到驅逐。

為了記住苦難與悲傷，猶太人會禁食並哀悼，這三天內，全世界的猶太人都會停下手邊的工作聚集在會堂，坐在地上而不是坐在椅子上，就像在舉辦葬禮一樣，吟唱曲調悲傷的歌曲，回顧悲傷又可怕的回憶。

猶太人養出很會玩的孩子

如果想要孩子終身學習，那就要在小時候讓他盡情玩樂

塔木德教導猶太人：「若希望孩子終身學習，就要讓他在小時候盡情玩樂」。以終身學習聞名的猶太人，對教育抱持的就是這種態度，他們認為遊戲是刺激孩子好奇心的重要活動，所以也傾注很多心血在遊戲教育上。

他們相當注重早期教育，會讓孩子從遊戲開始學習，遊戲能夠培養創意，並幫助孩子理解全新的事物。猶太人的小孩會在遊樂場裡玩土、玩沙，甚至不惜弄髒衣服，泥土跟沙子有很高的可塑性，是最好的玩具，也能夠幫助創意發展。

幫助孩子身體、大腦發展的必備3D育兒態度

3D

D1 Dangerous（危險的）
在父母的保護下嘗試危險的事物。

D2 Dirty（髒髒的）
讓孩子在雖然有點髒，但沒有疾病威脅的地方玩樂。

D3 Difficult（困難的）
讓孩子盡情地玩到累，但不會累到倒下。

根據研究腦部發展的學者表示，七歲之前右腦會先發展，然後才輪到左腦。右腦掌管創意、直覺、感受等能力，左腦則負責分析、推理、判斷等理性的功能，所以「會玩的孩子也會讀書」這句話是有科學根據的。

猶太父母為了讓掌管創意與直覺的右腦能夠發展，從小就會教孩子要盡情玩樂，因為並不是從小專注左腦教育，就能夠提升學習能力，所以七歲之前最好還是讓孩子透過遊戲與體驗盡情玩樂。

孩子會透過遊戲，學習到固定的規則與秩序，他們會在團體遊戲當中，學習發揮創意，並為了獲勝而尋求解決方案，同時也會學到若盡力做到最好仍然失敗，那應該要如何乾脆承認失敗的方法。

遊戲是能幫助孩子思考的好工具，而大自然就是讓孩子深陷其中，玩上一整天也不會感到厭倦的最佳遊樂場。

孩子一旦專注在遊戲之中，就不會察覺到時間的流逝，遊戲能刺激他們的好奇心，幫助他們學習投入的方法，小時候越常跟父母一起玩樂的小孩，其社交能力就越發達。

尤其跟父親一起從事的動態身體活動多於靜態活動，所以父親會是透過遊戲，帶給孩子最多刺激的對象。搔癢、打滾、搶枕頭、戰爭遊戲等，這些經驗都能讓孩子感到快樂。孩子在與父親的身體接觸過程中，會形成情緒上的依賴並滿足他們的好奇心，同時也能夠學習規範、秩序，培養創意、解決問題的能力與社會性。

跟父親不同，母親則會藉著理解、同理對方的遊戲，刺激孩子的右腦，母親主要負責在家讀書或故事給孩子聽等語言活動，大多都比較平靜。而小時候沒能盡情玩樂的孩子，長大之後就無法發揮他們的專注力，所以遊戲其實是和學習有直接關聯性的重要活動。

韓國學生雖然在國際學生能力評估計畫當中，於數學和科學能力取得不錯的成績，但在創意力的部分卻落後不少，原因在於在孩子們該玩的時候，他們都無法盡情地玩。

相反地，猶太人之所以在大學和研究所能夠取得好成果，正是因為小時候有盡情玩樂的緣故，他們的創意力也贏過從小就全力衝刺、每天讀書的韓國學生。

猶太人出生三個月後就會開始上幼稚園，因為有很多雙薪家庭，所以孩子很早就開始體驗團體生活，學習如何跟同齡的小孩相處、玩樂。以色列的幼稚園和托兒所，會讓孩子透過玩樂學習，那裡就像二手商店一樣，放滿許多已經不能用的日常生活用品。

在孩子滿三歲之前，猶太人不會要孩子學數學或科學，而是重視音樂、體育、藝術等教育，以幫助孩子的感性發展，但目的並不是要孩子學鋼琴等樂器的彈奏法，而是讓他們在生活中自然接觸各式各樣的音樂，幫助他們了解音樂。

老師會看著孩子玩遊戲的樣子，不停跟他們對話、提問。孩子會透過遊戲學習，老師則不斷與孩子對話、交流，以教導他們。

到了孩子已經可以聽懂大部分的話時，就會透過培養想像力的猜謎來進行教育，猜謎是培養想像力的最佳方法，透過猜謎學習智慧、認識周遭的事物，同時學習事物的名稱或概念，在學習事物名稱的同時，也可以學習同義詞、反義詞和形容詞，藉此培養詞彙的使用能力與表達能力。

文字與數字教育也是在日常生活中自然進行，猶太人會透過圖畫來熟悉數字的概念，即使孩子不知道怎麼寫，也可以用語言解釋給孩子聽，如果孩子不想用這種方式學習、傳遞訊息，那他們也不會硬逼。

腦部研究專家表示，人類的大腦在三歲之前，發展的程度已經達到百分之七十至八十，猶太父母不會錯過這個黃金時期，他們會盡全力希望培養孩子的創意，猶太母親會配合大腦發展的階段，每天都讓孩子玩拼圖、猜圖片、用手指畫圖、黏土、樂高等遊戲。

因為他們認為玩樂很重要，所以挑選玩具也會特別用心，空瓶、盒子、鏡子等生活用品，都可以變成遊戲的玩具，廢棄的腳踏車或冰箱，對孩子來說都是很好的玩具，他們會運用生活中獲得的靈感來活用廢棄的包裝紙，也會拿樹葉、樹枝當成教具使用。

街上的看板、路上的指示牌，對在學認字的孩子來說都是合適的教材，他們不會花錢買特殊的教具，而是就近取材，拿周遭的事物當成學習材料，猶太父母會用心培養孩子的學習能力，且會盡可能不去選擇扮家家酒或是遙控汽車等玩具。

此外，重視科技教育的猶太人，也會從小就買電腦遊戲給孩子玩，這是希望孩子能在玩遊戲的同時，拉近跟電腦的距離，但他們也會嚴格限制玩電腦的時間，以防止遊戲上癮。

在日常生活中尋找可運用的資料，需要相當的想法與創意力，猶太父母會努力從生活中找出能對孩子有幫助的事物，他們就是這樣將自己的卓越的創意傳承下去，運用生活中的物品進行遊戲教育。

會玩的孩子情緒會比較溫和，社交能力也比較好，大部分擅長玩樂的孩子，自我控制能力都非常出色，這樣的孩子在學業、人際關係、同理心、社交能力方面都比較優秀。孩子會遊戲成癮、專注力不佳、沒有耐性，都是因為缺乏自我控制能力。

我們必須深入了解猶太人這種該玩的時候就盡情玩樂的教育哲學。猶太人即使生活在宗教律法的規範之下，依然能夠保持情緒的穩定，就是因為他們該玩的時候就會盡情玩樂，他們會透過遊戲，熟悉跟朋友一起玩的方法，並藉此培養社交能力。

孩子的玩樂教育十分重要，甚至左右我們社會的未來，這是我們不容忽視的部分。

TIPS

從還是胎兒就開始教育

猶太人認為孩子還在肚子裡時，就已經具備理性與豐沛的感性，他們認為從確定懷孕的瞬間到六個月大的這段時間，就是奠定成長基礎的時期。所以猶太母親從確定懷孕開始，就會研讀妥拉與塔木德。聖經中的猶太女性利百加在懷兒子雅各時，便每天到塔木德教室上課，學習說好話和充滿智慧的語言，這些塔木德上都有紀錄。每天朗讀所羅門王的〈箴言〉給胎兒聽的「箴言胎教」，也是猶太人的獨特胎教法。

猶太父母為了生下一個聰明的孩子，會訂定縝密的懷孕計畫。猶太人懷孕、胎教，都會依循被稱為黃金時機懷孕法「Niddah」，「Niddah」懷孕法是在生理期結束之後，經過一定時間的禁慾後再懷孕的方法，據說這麼做是為了生下健康的孩子。

懷了小孩的猶太父母，會準備一個存錢筒，每天都存一點錢進去，等小孩出生之後就以孩子的名義捐出去。

爸爸是「堅強的圍欄」，媽媽是「生命之水」

把他培養成一個善盡本分的大人

上帝給猶太父親「教育子女」的特別任務，猶太父親肩負執行神的旨意這個沉重的責任，同時也握有絕對的權威，所以希伯來文中的父親，就叫做 Abh。

希伯來文字母的第一個字是 Aleph，第二個字則是 Bet，用頭兩個字母的第一個字組合在一起，就是代表父親的 Abh。而從 Abh 這個單字中，也可以感受到他們認為父親具有特殊地位的想法。

為了教導孩子，猶太人的客廳裡不會放電視，反而是會另外放置父親的書桌和椅子，子女不能任意坐在父親的位置上。

猶太父親通常會在三、四點結束工作下班，回家之後會跟子女一起讀書、學習。他們每天都會跟家人一起吃晚餐，吃飯的時候對話聊天，分享今天一天發生的事情，這樣的時間會持續到晚上九點，每天大概花費五個小時在這些事情上。

如果你問猶太人最幸福的時刻是什麼時候，大多數的人都會回答是跟家人在一起聊天、吃飯的時候。他們認為賺錢，就是為了和家人一起吃美食、聊天，也認為跟家人一起吃晚餐是最快樂的時刻，猶太人會在用餐時段分享那天的事情，進行家人之間的對話與討論。

猶太父親在子女舉辦成人式之前，都會另外在家中教導他們塔木德、律法與歷史，他們會跟子女分享雖然是流散民族，但依然不失去希望的故事，透過以外族身分在別國流浪的故事，學習歷史的教訓與時代背景。

子女在課業上遇到問題，也會回家去問父親，子女教育是無法交付給妻子和學校的大事，所以猶太人的子女教育都是由父親負責。如今我們父親的職責已經消失，而猶太父親的書桌和椅子，則再一次地提醒我們父親究竟象徵著什麼。

猶太父親會盡可能不讓孩子接觸影音媒體，即使有電視，也只會給他們看兒童節目，這是為了避免孩子電視成癮。他們一開始就會跟孩子約定，訓練他們看電視的時候只能看兒童節目，因為太過超齡的節目，或主要收視對象是大人的節目，會對孩子的情緒健康造成負面影響。

全世界最早引進義務教育制度的民族是猶太人，他們從西元前就已經開始實施義務教育。西元前七十五年，負責教育的西緬・本・蔡奇，便為了兒童教育在全國建立學校，實施義務教育，這是全球兒童義務教育的先驅。

猶太人教育兒童的目的，在於將他們打造成「善盡個人職責的大人」，而教育的重心就是父親，孩子從小就被教育他們的出生是「為了使這個世界更好，至少要為這個世界盡一份力」。

猶太父母打從一開始，就認為孩子是上帝賜予的禮物，而不是自己的所有物，所以子女教育是他們最重視的事情，也因此他們不認為孩子是能任大人擺佈的對象。

帶領這個世界不斷成長發展的猶太人背後，都有一個為子女付出的程度不輸父親的母親。

希伯來文中的母親叫做mem，用英文來表示就是M。希伯來文的第一個字母Aleph是英文的A，Aleph是堅固的圍籬之意，也代表著父親，M則代表母親，具有生命之水，也就是沙漠中的綠洲的意思。

M是三個單字的字根，分別是代表信仰的emunah、代表真理的emeth和代表「會那樣的」的amen，只要去看M這個字根衍伸出來的單字，就會知道猶太人認為母親的存在有多麼重要。

猶太人遵循母系血統，無論父親是誰，只要母親是猶太人，那子女就一定是猶太人，即便父親是非常偉大的猶太人，但母親若不是猶太人，子女就不是猶太人。猶太人的正統性傳承自母親，這是因為養育子女主要由母親負責，在養育子女或處理家中的大小事這方面，女性的影響力十分之大。

在猶太人的教育中，母親扮演的角色極其重要，母親是提升父親的權威，並支持、鼓勵、引導子女，要記得，每一個出色的猶太人背後，肯定有一位不斷忍耐、等待、奉獻的母親。

希伯來文中最美的話之一就是「母親的愛」，願意犧牲奉獻的「母親的愛」，是這世界上最美的事物，對子女來說也具有絕對的力量，這也讓我們再一次了解到，母親就是上帝派來的代理人。

對人類來說，沒有母親的世界令人畏懼，因為有母親，子女才能在這個世界上存活。人類出生時比其他動物更加弱小，所以需要更多的照顧與愛護，也因此母親的照顧與愛，是嬰兒賴以為生最不可或缺的事物，母親對孩子發出的小小訊號都會有反應，更會毫無保留地給予支持與愛護，這都是來自於母愛。

若孩子從小便缺乏母愛，那他便會成為一個不懂得愛，如沙漠般乾枯的大人。孩子在透過與母親對視、母親幫忙拍背、撫摸的過程中，產生名為愛的感情，當孩子的心與母親達到相同的頻率時，就能達到情緒上的穩定，並促進大腦發展。

父親是子女教育的權威中心，母親則是溫暖支持、鼓勵孩子，使其發揮潛力的存在。

猶太母親在養育子女時不會感情用事，無論孩子犯下任何錯誤，她們都不會依照自己當下的心情來選擇教育方式，而是會理解孩子的情緒，並給予支持與鼓勵。也就是說，她們會讓孩子感覺到自己是被愛的。

猶太人的教育核心，就在於讓孩子自我思考、自我表達。塔木德告誡教導孩子的父母說：「不要輕易責罵孩子，如果不等到怒火平息，那麼就會讓孩子在情緒上感到不安。」我們會在孩子做錯事時訓誡他們、要求他們反省，如果他們在牆上塗鴉，就會生氣地問「到底對牆壁做了什麼事情？」

猶太母親反而會冷靜地跟孩子解釋，她們會說：「牆壁不是用來塗鴉的，塗鴉要塗在圖畫紙上，要把牆壁擦乾淨，要花多大的力氣呢？」而不是責罵孩子，但我們大多數人卻無法承受自己內心熊熊燃燒的怒火，總是大聲斥責。

猶太母親在責罵孩子時，會讓孩子了解他們為什麼挨罵，並讓孩子不要再犯相同的錯誤，如果在生氣的狀態下對孩子大小聲，那就是一種威脅的行為。

TIPS

猶太人的成年禮

猶太人會在子女十三歲時舉辦成年禮，男孩子到了十三歲會舉辦受戒禮（Bar Mitzvah），女孩子則在十二歲時舉辦受戒禮（Bat Mitzbah），以表示他們必須承擔宗教的責任，已經是一個成人了。

成年禮會在猶太會堂舉辦，邀請眾多親戚等賓客前來祝賀。成年禮具有獨特的意義，猶太人會從一年前就開始準備成年禮，成年禮當天，他們會發表自己過去這段時間的學習成果。

他們從小就透過妥拉和塔木德決定人生方向，猶太人的人生目標，就是讓上帝留下許多未完之事的世界更加完整。

希伯來文中的「Tikkun Olam」具有「修補世界」之意，也是他們人生的目標，他們認為應該要發揮自己的能力，跟上帝一起創造比昨天更美好的今天。

成年禮結束之後，孩子們便會在團體中擔任職位，或是在群眾面前朗讀妥拉，他們被認可為一個成人，開始可以擁有私人物品，也能以證人的身分到法庭作證，所以有人說猶太人沒有青春期。

成年禮那天的宗教儀式結束之後，他們會像我們舉辦婚宴一樣，租一個很大的餐廳舉辦祝賀派對，有趣的地方在於出席的賓客也會像結婚時一樣，包現金給主人做為派對的補助款。

成年禮時，奶奶、爺爺等家人和親戚，都會給成年的孩子很多錢，平均一個人會出兩百美金左右，所以如果有一百個人來，那就會拿到高達兩萬美金的鉅款，這天拿到的錢，全都是屬於孩子的錢，所以猶太青年從小就會開始煩惱，要怎麼樣運用自己帳戶裡頭的存款，也是因為這樣，他們認為「錢不是賺來的，而是以錢生錢慢慢增加的」。

猶太父母毫不遲疑的訓育

出自嚴格的愛，若以右手懲罰他，就要以左手擁抱他

猶太人很重視子女的禮儀教育，所以當孩子做錯事時，他們會毫不吝惜處罰，讓孩子體驗到真實的痛苦，幫助他們反省自己的行為。但孩子若在外出時犯錯，父母會等到回家後才訓斥他們。

處罰的目的在於矯正孩子內心的想法，所以他們會毫不猶豫地打頭以外的身體部位，但他們並不會打到出現傷口或是危害身體的程度。

體罰完之後，也一定會用愛擁抱孩子，因為他們認為用右手處罰孩子，就

必須用左手擁抱孩子，這才是最愛孩子的表現。他們相信如果沒有適時地處罰而使孩子繼續犯錯，父母便難辭其咎。

猶太父母很重視規範與規定，最晚在三歲時就會教導子女基本的規範，即使他們認為孩子是神的禮物，遇到該管教的時候也還是會毫不猶豫地責罵、處罰。

猶太父母會在家裡教導子女家庭規範。舉例來說，像是外出時要跟家人說一聲再出門，一定要在說好的時間回家，自己的房間要自己整理，吃完飯後要自己把碗放到水槽，東西用完要物歸原位等日常生活規範。父母在管教孩子時，最困難的問題就是決定處罰的原則，因為沒有原則的處罰，很可能會使孩子變得叛逆，當孩子做出危險行為，或是影響他人的行為時，就會需要立即的管教。

沒有原則的寬容、錯過管教的時機，或是父母親展現自己鬱憤難平的心情時，孩子的習慣就會變差。如果下定決心要管教，那就必須嚴格且果決地訓斥，若是不守規矩地哭鬧或是影響到別人，就絕對不能原諒。

在管教孩子的時候，絕對不能參雜個人感情，必須具體指出他們做錯的事情，如果責罵時參雜了個人情感，就會讓孩子的心受傷。

猶太人在管教孩子的時候，會採取一貫的態度。管教之前，他們會冷靜地跟孩子解釋他們究竟做錯什麼，不要強迫他們服從命令，而是應該透過對話與討論，來幫助他們了解規定的正當性，之所以要採取這樣的態度，是因為孩子並非是父母管教的對象，而是值得尊重的獨立個體。

同時也要明確告訴孩子，若違反規定會發生什麼結果，這是因為讓他們知道如果沒有遵守規定，會發生什麼不好的事情，他們才會有責任感，這也能幫助他們遵守規定。

猶太父母認為孩子犯錯時，不應該把之前犯的錯也一起拿出來講，世界上沒有任何不會犯錯的孩子，所以當他們犯錯時，就只要說當下所犯的錯誤就好，等到重複犯同樣的錯誤兩、三次，到時再處罰他們也不遲。

當然，孩子犯錯時是應該要施予適當的懲罰，但最好不要什麼事情都想干涉，尤其是個性比較鮮明的孩子，越是干涉他們的性格就越容易扭曲，要保持中庸之道並不容易，所以如果遇到這樣的情況，那最好訂一個標準或是原則，並要求孩子自律。

個性很強悍的比爾·蓋茲，曾經也是個非常討厭父母干涉自己的孩子，父母一干涉，他就會變得很叛逆，後來他的父母去找心理學家，請心理學家觀察他一年，最後得到不要強迫或干涉他的答案。

從那時開始，父母便只為他訂下準則，讓他自由去做自己想做的事，令人驚訝的是，比爾·蓋茲就這樣開始改變了，而後面的故事就像我們知道的那樣。

猶太父母在懲罰小孩之前，會先思考「這樣懲罰真的有效嗎？有沒有其他的方法能夠改善這個錯誤？還有沒有更好的方法？」然後才以一貫的態度處罰孩子。如果要孩子遵守日常規範，那父母自己也一定要遵守，因為孩子就是父母的鏡子。

若孩子養成遵守規範的習慣，那要管教起來就簡單多了，像是只要說「要把玩具收拾乾淨，現在該睡覺了、該吃飯了」就好，可以不必看著散落一地的玩具嘆氣，也可以不用追著孩子跑要他們來吃飯，重點不是要父母無條件寵著孩子，而是要訂下合理的規範要求他們遵守。當孩子犯錯時，父母親不要大聲斥責、要求他們盲目服從，因為這會降低他們的自尊心。

稱讚也跟管教、責罵一樣困難，責罵的方法要是不對，孩子可能會感到自卑，但錯誤的稱讚也會使他們變得過度自大。

在學校拿到好成績或考進好大學時，要同時稱讚他們努力的過程和結果，像是「你這麼認真準備考試，能有這麼好的結果真是太棒了，恭喜你考進好學校」，用這種方式來稱讚他們努力的過程，就能夠幫助他們提升自信。

但不能用「你最棒」、「你好厲害」、「真不愧是我兒子」、「我女兒真聰明」等方式來稱讚，若一不小心把人吹捧得太高，可能會使人變得傲慢。

我們需要反覆思考塔木德中說的：「內心貧窮的有錢人沒有子女，只有繼承人。」這句話究竟代表什麼意思？「富不過三代」是我們熟悉的一句話，讓我們一起來想想，為什麼猶太億萬富翁的第二代、第三代當中，依然有很多人非常富有。

TIPS

透過禱告教導智慧的猶太人

猶太人會透過禱告與歌唱等有智慧的方式教導子女，年幼的孩子通常會重複父母說過的話，這時猶太人會先教孩子禱告，孩子雖然不知道那代表什麼意思，但是會重複父母說過的話。

孩子早上起來，就要大聲禱告說：「主啊，謝謝祢照顧我的身心，我今天也會努力把這個世界變得更美好，妥拉是屬於所有人的，我會更認真學習。」

吃飯前也要說：「主啊，感謝祢賜與我們今天的糧食，謝謝祢讓太陽升起、讓天空下雨」。進行感謝的禱告，就是藉著反省自我以提升智慧的秘訣。

若父母一起禱告，子女也會像是在配合節奏唱歌一樣跟著一起做，就這樣每天重複，孩子們便會自然而然背起禱告文。

猶太父母不會輕易給孩子他們所想要的東西

在可承受的範圍內，刻意製造困難

猶太人會在孩子可承受的範圍內，刻意製造逆境或困難，當孩子要求要什麼東西的時候，大人不會馬上提供，而是要孩子自己努力獲得。

他們會讓孩子分擔家事，負責幫忙做晚餐、整理床鋪、倒垃圾、打掃房間等工作以賺取零用錢，猶太父母會讓孩子積極參與家中事務，以培養他們的生活能力，藉著教導他們身為家庭成員要一起分擔家事，培養責任與義務。

人生活最重要的就是吃，所以也會讓他們幫忙準備蔬菜、清洗食材等簡單的廚房工作，即使是富有的猶太人，也會依照自己過去所學來教導子女做家事。

猶太人會刻意製造特殊的情況教孩子做家事，像是洗碗的時候，他們會把盤子遞給孩子洗，或是在打掃房子時，讓他們去打掃自己的房間，幫助他們親身體會家事的困難之處，孩子可以透過做家事親身學習，並了解到當自己覺得辛苦時，其他人也很辛苦。

即使會有些辛苦，但猶太人會教導孩子如何過得節儉、謙遜。他們並不會因為孩子想要就輕易買給孩子，他們會教導孩子為什麼需要勤儉節約，並且要孩子說出為什麼會想要那個東西。在買東西給孩子時也不會全額支付，而是會要求孩子以平時存下來的零用錢負擔部分金額，這樣一來即使是小東西，孩子也不會隨意丟棄或不當一回事。

他們不會給孩子零用錢，而是會要求孩子做家事、到家附近打工、賣掉用不到的東西以賺取零用錢，所以我們經常可以看到猶太人在住家附近，販賣他們用不到的書或是玩具，猶太人從很早開始，就會培養和人討價還價、賣東西給別人的理財能力，為了幫助孩子經濟獨立，父母就是需要進行這樣的家庭教育。

猶太父母認為過度富足的物質生活會害了孩子，他們認為過度的富足是一種「隱形的家庭暴力」，所以猶太人很重視「延後滿足」的教育，他們會避免孩子過度滿足，並且延後他們滿足的時間，提供適當的不滿足感，藉此教導孩子。

如果立即就能獲得想要的東西或是過度滿足，孩子會認為自己可以獲得特殊待遇，進而變成一個自私的人。不懂得珍惜物品，也無法忍受困難與痛苦，更無法區分好壞與對錯，最後成為一個揮霍無度、花錢如流水，毫無責任感的人。

以愛為名無條件接受子女任何的要求，反而會讓孩子變成一個不懂得自我節制的人，父母不夠堅強便無法把孩子好好養大，這是人類共通的真理。

孩子在兩歲之後就會產生自我意識，他們可以理解大人說的話，也大概可以區分什麼事情能做、什麼事情不能做。從這個時候開始，父母就要有意識地訓練孩子接受延遲滿足這件事，一開始只需要很短暫的時間，之後再慢慢把時間拉長，這同時也能夠幫助孩子增加自信，但如果一開始就把延遲滿足的時間訂得太長，孩子會失去自信，很快就放棄。

若孩子可以控制自己、成功地完成延遲滿足的目標，那就要立刻稱讚他們，培養他們等待的習慣。如果在遊樂場玩或是跟朋友一起玩玩具時能按照順序來，就要稱讚他們懂得遵守禮節的態度，「史丹佛大學的棉花糖實驗」就在管教孩子上就為我們帶來很大的啟示。

教育小孩的時候父母應該要後退一步，讓子女有足夠的空間獨立成長，這也是為什麼我們需要借鏡猶太人的智慧，保持適當的距離培養孩子的獨立性。

TIPS

棉花糖試驗

美國史丹佛大學的附設幼兒園，曾經進行一場延遲滿足的實驗。研究團隊以六百五十三名出生在白人中產階級家庭的四歲幼兒為對象，進行「棉花糖實驗」。

研究團隊在房間裡分別給這些孩子一個棉花糖，並告訴他們十五分鐘內如果沒把棉花糖吃掉，就可以再獲得一個額外的棉花糖當獎勵。

四歲的孩子面臨「要現在把它吃掉，還是等等再把它吃掉」的抉擇，而要他們等待十五分鐘實在不是件容易的事。獨自被留下的孩子當中，有幾個人忍不住立刻把棉花糖吃掉，而也有幾個人等到最後獲得獎勵，忍耐十五分鐘獲得獎勵的孩子，大約佔全體學生的百分之三十。

研究團隊後來繼續追蹤這些參與實驗的孩子，結果顯示等到最後才吃，完

成延遲滿足條件的孩子，他們的大學入學能力考試（SAT）分數，比那些搶先一步吃掉棉花糖的孩子高二十分，而且他們在大學畢業之後，找到理想工作的比例也比較高。

休息一下：猶太人的幽默

協商

哥哥和弟弟為了一個派大打出手，兩人都想吃多一點，所以爭著要切這個派。力氣比較大的哥哥搶走刀子，切了很大一塊給自己，而覺得自己那一份比較小的弟弟，便大聲哭了起來，在旁看到整個過程的媽媽站了出來。

媽媽說：

「等等！兒子啊，你用力量把刀子搶過來切了派，那是不是也該給弟弟一次選擇的機會呢？你要是切了派，那選擇要吃哪一塊的權力就該讓給弟弟。」

聽完這番話之後，哥哥便把派切成相同的大小。

己所不欲，勿施於人。所以協商的最大力量，就是換位思考，站在對方的立場想想。

為什麼猶太人稱作「立約的國民」？

重視節制、遵守規範與正義的猶太人

猶太人不僅在飲食方面遵守規範，連日常生活也謹守本分，他們會教導子女，日常生活中也要實踐、遵守律法。妥拉上記錄了六百一十三條律法，其中提及「不要……」的禁止條目有三百六十五條，相當於一年的天數，而其中「一定要……」的允許條目則有兩百四十八條。

對現代猶太人來說，很難遵守所有內容，大部分是跟舊約聖經時代的規定有關，以及將財物奉獻給聖殿的禮拜規範，所以現實生活中很難遵守。

不過現代的猶太人仍在實踐的律法，包括生養孩子、學習妥拉、遵守安息日、潔食與祭祀、重視正義、尊敬父母與老師、幫助貧窮之人、幫助流離失所的人、衛生、保護自然環境、保護人類尊嚴等，有很多都是我們也能感同身受的內容。

猶太人從小就教導孩子，讓他們知道律法規定什麼事該做、什麼事不該做，並要求他們遵守這些規範，他們認為從小就好好管教，長大成人之後實踐律法就容易許多。

我們常說猶太人是「立約的國民」，例如莎士比亞〈威尼斯商人〉劇中出場的高利貸商人夏洛克一樣，猶太人是很看重約定的民族。夏洛克的契約上寫著，若不遵守約定，就必須割下一磅的肉，這個劇中人物展現出猶太人對金錢十分執著的黑暗面，但另一方面也強調了猶太人相當重視約定的觀念。

他們相信上帝透過舊約聖經和他們做了約定，所以才在日常生活中實踐上帝所說的話，因此猶太人言出必行，以這樣的信賴為基礎，才幫助他們在如今的商業社會獲得巨大成功。

猶太人在釀造他們愛喝的酒時，也要遵守潔食規範，若要取得潔食認證，就必須用種植超過四年的葡萄來釀酒，第一次結果的三年生果實要獻給神，而四年生的葡萄則做為食材。

葡萄田也要遵循妥拉的教誨，每七年就要休息一次，在每七年一次的安息年當中，會什麼也不種以讓土地休息，由於過去土地為了滋養葡萄而變得疲憊，這樣可以幫助土地恢復原本的活力。

釀造潔食酒的人也必須是遵守安息日的猶太人，因為他們認為，能夠按照規範做出食物的人，一定也會過著符合規範的生活。

不光是食材，從耕作到屠宰的用具選擇、洗滌，全部都必須按照律法來清潔，由於他們吃東西時也必須遵守這樣的規範，所以通常都是在家中用餐，鮮少在外用餐。這樣徹底遵守規定的習慣，也充分地現在子女教育中。美國總統約翰·甘迺迪的母親羅斯女士，為了讓孩子知道守信的重要性，就絕對不會給不遵守用餐時間的孩子吃飯。

我們經常會跟孩子約好說「明天讀童話書給你聽、明天買玩具給你、明天買鞋子給你……」但卻常常沒遵守約定。有時我們因為疲倦，為了逃避這些麻煩的事情，我們總是會先用言語來安撫孩子，最後卻總是無法遵守約定，這麼一來孩子的腦海中就會對老是說謊的爸媽留下不好的印象。

我們一直沒有察覺這件事的重要性，就這樣用那些無法遵守的約定來任意對待孩子，在這種環境下長大的孩子，自然也不會遵守約定和規範。

猶太人在商業往來時，一定會遵守約定。他們簽約時很重視誠信，他們相信只要有誠信就一定會成功，誠信會幫助他們成功，誠信就是財富的泉源。

已經習慣誠信的猶太人，在和其他人交往時也可以適應得非常好。他們對每件事情都很誠實、坦蕩，所以能毫無顧忌地與他人交往，猶太人的誠實與正直，是源自他們不說謊的誠信。

猶太人認為人死後會接受上帝的審判，屆時他們必須回答「你在做生意時有多麼正直，是否不曾違背良心」這個問題。猶太人教導子女，到死之前都必須誠實，這也帶給我們很大的啟示。

TIPS

猶太人的潔食規範（Kosher）

猶太人透過妥拉與塔木德教育，遵守對飲食的規範，根據猶太律法製造的潔淨食物稱為「潔食（Kosher）」。

Kosher在希伯來文當中具有「適當、恰當」的意思，是遵循猶太律法製造出來的食物，猶太人會按照Kashrut這種律法來挑選、料理食材。

妥拉中記載「神將猶太人與其他民族區分開來，透過飲食的戒律將猶太人打造成神聖的民族」，要遵守根據複雜的潔食規範訂定的飲食戒律，看起來可能會很麻煩又不合理。

Kashrut不僅規範了食材，對食材的混合、食用順序也都有詳細的規範，盛裝或接觸過不符合潔食規範食物的器皿，必須用滾水煮過，洗乾淨之後才能再使用。

潔食規範中，與食材有關的詳細規範多達一百六十八條，猶太人透過嚴格的規範攝取飲食，並相信若是吃到被禁止的食物，就相當於玷汙了自己的靈魂，所以他們不會使用上帝禁止他們食用的食材，只使用潔食規範中允許的食材。猶太人以動物做為食材時，也有相當嚴格的規範，像是屠宰家畜時必須有拉比到場，要挑選沒有生病的動物，在不讓動物感到痛苦的情況下將他們殺死，並以鹽巴搓洗，將血洗淨後才能食用。

依照潔食規範，他們不會同時使用乳製品與肉品去製作漢堡，也不會吃這樣的食物。因為潔食規範規定，禁止拿動物用以養活子代的母乳製成乳製品，也禁止用動物母體的肉做菜。所以他們在享用過牛奶等乳製品之後，必須在經過充分的消化才能再吃肉。

猶太人遵守潔食規範的原因，一方面是為了健康，但另一方面也是為了遵守妥拉，在生活中實踐上帝所說的話，所以猶太人的餐桌，就是最能教導子女潔食規範，實現潔食教育的地方。

認為世事沒有正確答案的猶太人

如果可以戰勝自我，那就能戰勝任何人

德國人曾稱猶太人是「空氣人」，因為他們就像空氣一樣有超強的適應力，可以滲透任何地方，是勇於挑戰極限，並努力找出機會的民族。做為曾經失去國家的異鄉人，在沒有可以安身立命之處的現實中經歷苦難，所以他們事事都必須謹慎。

為了活下來，必須戰勝逆境、鍛鍊自己，讓自己變得更加強大。猶太民族這個共同體的命運，就是必須在世界上找出所有的機會，並且為了現實的富足

而虛懷若谷。

更重要的是，他們明白世界上沒有什麼事有正確答案，只有藉著學習與智慧來鍛鍊自己，找出生存之道。因為不知道什麼時候會被趕出現在居住的地方，所以能夠拯救自己的就只有智慧與知識。

猶太格言說：「如果你想活下來，那就不能靠吃、喝、玩、工作，而是要靠智慧。」猶太人將民族的共同經歷當作教訓，代代相傳至今。

塔木德教導猶太人：「每天都一定要花時間反省自己的缺點，養成透過他人的角度來觀察自己的習慣。」這是在強調要了解自己的弱點、缺點，要懂得反省自己。

妥拉中記載，「禱告之前要先教導自己，禱告時要先為自己禱告，然後為家人禱告，最後為社會禱告。」猶太人認為這是在告訴他們，不反省自己就向神禱告，那與唸咒文並無二異。猶太人相信，只要能贏過自己，就可以贏過任何人。所以他們做事時會避免太過極端，維持中庸之道，因為他們相信最大的對手就是自己，所以會「盡可能地」維持生活的平衡。

從喝酒這件事情上，也可以看得出猶太人的人生觀。

塔木德中記載，「酒是緩解緊張最好的解藥」，酒是猶太人生活的一部份，是他們相當熟悉的東西，安息日的餐桌上絕對會有紅酒，慶典、結婚典禮、葬禮時也都一定要喝上一、兩杯，但猶太人並不會過度飲酒，他們會盡可能保持平衡、維持中庸之道，要求自己適度飲酒。

塔木德說：「判斷一個人的四個標準，就是金錢、酒、女人與時間。」這四樣東西對人都很有吸引力，但不能超過一定的標準，這些東西一不小心就可能毀掉一個人，所以必須維持平衡，將這些東西當成是對人生有益的朋友。性也跟酒一樣，他們面對性毫不遮掩，不禁慾，也很自然地接受這件事，當子女對性感到好奇時，他們不會壓抑子女的好奇心，更不會擺出尷尬的態度，而是當成一個很普通的話題，自然且簡單地闡述事實。

猶太人在對子女做性教育時，會教導他們要有正確的穿著、擺出正確的姿態，以避免在道德上出現任何瑕疵。對服裝的教育更是嚴謹，他們會要求子女要穿著端莊，並且要為人端正，也告訴子女，男女之間的事關乎父母的名譽，所以與異性交往這件事絕不能馬虎。猶太人比任何一個民族都重視時間，他們會不斷問子女：「今天做了哪些事情？沒有浪費時間吧？」教導子女要有效利用時間。

為了珍惜每一分每一秒，他們必須過著規律且不虛度光陰的生活，他們認為只要努力就能賺到錢，但浪費掉的時間卻不會再回來，猶太人認為辛勤一天到最後，最好的結果就是有好好管理時間。

猶太人為了愛惜自我，每個星期選定一天為「安息日」（Sabbath），在那天讓自己好好休息，對猶太人來說，安息日就是最有品質的時間，也是恢復自信的時間，他們以中庸之道和平衡來享受人生，同時也不會忘記讓他們得以生為人的神、食物以及父母。

早早就透過塔木德培養出思考文化的猶太人，會運用自己的思考能力，配合情況發現新的機會、找出解答。因為他們相信，這世界上的事情沒有正確答案，所以人生必須維持中庸與平衡。

若是發現那種若有似無，眼睛看不見、如空氣一樣無形的機會，他們就會努力去挑戰，也是因為這樣，才使猶太人成為現在這個站在世界頂端，小巧但強悍的民族。

TIPS

猶太植樹節

猶太人的節日中，有一個叫做「猶太植樹節」（Tu B'Shevat）的節日，這天代表「樹木的新年」的意思，也是感謝上帝創造大自然的日子，他們會感受自然的偉大，並和孩子一起種樹。

他們也會在這天特別吃水果乾，以回憶祖先歷經苦難，無法吃到新鮮水果的過往。他們會將失敗的歷史變成節日，回憶並感激民族的歷史與祖先，並從中找出屬於自己的答案。

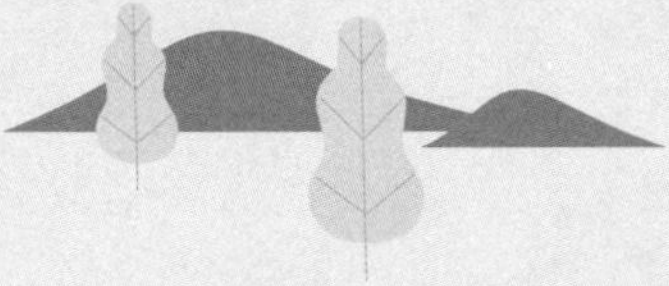

幽默是最具知性的對話

享受幽默、重視團體意識的猶太人

即使只有幾個猶太人聚在一起，他們還是會將幽默當成生活的一部份，他們在對話中會保持幽默，會以機智的幽默打開話題，以達到和人交流的目的。

為了在眾多的壓迫與苦難中，不要失去希望、繼續活下去，猶太人總是保持幽默，他們的幽默並不只是單純的玩笑話，而是自悲傷與詼諧昇華而來的智慧。

藉著幽默的力量克服對生活的緊張，撐過苦難與壓迫，培養團體的歸屬感，所以對猶太人來說幽默是特別的。

猶太人相信神是絕對的權威，除了神之外，他們不追隨別的權威，不盲從權威、懷疑權威的精神，使得猶太社會更加進步。

從神到總統、拉比、大富豪，所有的猶太人都是能把自己當成玩笑，懂得享受笑話的民族。據說愛因斯坦獲得諾貝爾獎時，就曾幽默地說：「培養我的是幽默，而我所能展現給大眾最好的能力就是說笑話。」

希伯來文中 hopma 同時具有「幽默」與「出眾的智慧」這兩個意思，猶太人認為有智慧的人就是幽默的人，所以日常生活中的對話也充滿著幽默。

猶太小孩會藉著與父母的日常對話，自然熟悉幽默的方法，因為家人、親戚都是懂得享受玩笑與幽默的人，所以他們便能很自然學會幽默，幽默是緩和緊張關係的智慧工具，也是培養社交能力的重要元素。

猶太人認為，要成為一個成熟的人，就一定需要幽默感，為了家族的和睦，最重要的就是幫助家庭成員放鬆緊繃的心、幸福快樂地過生活，所以親子之間也總是保持幽默，笑容與玩笑可以幫助子女不那麼緊張，也可以緩和親子間的關係。孩子如果開父母玩笑，父母也會機智地回應。

他們認為幽默就是最有智慧的對話，家人之間那種毫無隔閡互開玩笑的和睦氣氛，可以讓大家更輕鬆，同時也具有教育意義，因為幽默能夠幫助我們從不同的角度看事情。

從拉比馬爾文．托凱爾的著作中，就能看出猶太人懂得逗別人笑的智慧。有人問他：「畫家為什麼總是在畫的下面簽名？」他回答：「這是為了讓持有這幅畫的人不要把畫掛反。」有個男人問一位名作家說：「猶太人為什要在曠野裡做一條黃金小牛？」作家機智地回應說：「很簡單啊，因為原本是要做一頭大黃牛，結果發現金子不夠，只好改做小牛。」（按，聖經記載猶太人在曠野中鑄造了一頭金牛犢當偶像來拜。）

卓別林是擁有猶太血統的國際知名喜劇演員，他將笑聲化為動力，以〈大獨裁者〉中嘲諷希特勒的默劇演出而聞名。猶太人雖是弱小民族，但他們的幽默感，卻是為了克服苦難將一切昇華為笑容的集體智慧產物。

塔木德說：「再長、再堅固的鐵鍊，只要缺了一環，就變成無用武之地。」

這句話是將每一個猶太人比喻成環環相扣的鐵鍊，齊心合力建立起這個民族，猶太人會透過合作與競爭，來教導子女友愛兄弟姊妹，自古以來他們就有要和兄弟姊妹競爭的想法，並在與手足爭吵、和解的過程中成長，猶太父母教導子女不要相互比較，而是要透過合作與競爭來達到友愛的目的。

而另一個應該透過競爭與合作學習友愛的對象就是朋友，塔木德說：「賢明的朋友會造就一個賢明的人，愚笨的朋友會造就一個愚笨的人。」

人生在世，很少有人像朋友一樣能對我們產生龐大的影響力。有句話說，「看一個人的朋友，就能知道他是怎樣的人」，塔木德也教導猶太人「要跟比自己更好的人當朋友」，這句話的意思是，要透過競爭與合作，跟能夠幫助自己人格成長的好朋友來往。大多數成功的猶太人，都曾說過他們是藉著與他人分享自己的才能獲得成功，猶太人相信跟益友來往，就能夠建立起帶來成功與幸福的人際關係，這是因為在學習與他人交流的方法時，他們也在培養自己的社交能力。

猶太人認為人際網路非常重要，身在異地，猶太人若不互相幫助便很難生存，前往美國的貧窮猶太人，之所以能夠比其他民族更快站穩腳步，就是因為他們有互助的人際網路。

猶太人為了建立起人際網路，會盡力與他人交往，知名的猶太富豪羅斯柴爾德家族便是最好的例子。羅斯柴爾德家族平時在各方面累積起來的人脈，成了幫助他們在歐洲戰亂中獲得龐大利益的關鍵因素。

猶太人很現實，也很講究邏輯，猶太人之所以如此現實，固然受到很多宗教的影響，但過去遭受迫害與壓迫的歷史，也造就他們從現實層面去思考的個性。

身為宗教指導者的拉比，總是會以現實的情況來判斷、思考，也會以現實的標準，來公平仲裁人們生活中發生的紛爭，猶太人這種講究現實的思考方式，甚至會讓他們認為不能相信父母或自己的伴侶。之所以會這麼說，是因為希望子女能夠獨自在這險峻的世界中活下來，而另一方面，為了活下來而必須戰勝現實這件事，也代表人生非常辛苦。

塔木德教導他們「這世界讓沒有比貧窮更悲傷的事，貧窮是所有痛苦中最致命的」。猶太人認為若不教導子女正確的經濟觀念、培養他們的生存技巧，那就跟養一個小偷沒有兩樣。

他們認為，擺脫貧窮的不二法門，就是在這世界上生存下去，在那之後才是為了他人捐獻、從事慈善活動、享受藝術。

為了在痛苦之中不要失去希望、可以繼續活下去，猶太人學會幽默，而為了在這個世界取得勝利，猶太人產生了團體認同、彼此幫助，他們重視人際之間的往來與交流，會運用人際網路取得現實的財富。

猶太人之所以能成為現在地球上最成功的民族，其祕訣就在於學習宗教的他們，思考方式非常現實，並不會宣稱世界上有聖誕老人的存在。

TIPS

猶太人的普珥節

節日可以一起慶祝屬於民族的歷史與傳統，在培養團體意識上能發揮很大的作用，而猶太人的獨特節日之一就是普珥節。普珥節是為了紀念西元前六世紀，流落波斯帝國當奴隸的猶太人免於被滅族的日子，這天是一年當中要笑得最開心的日子。

普珥節又稱為籤節，普珥在希伯來文中是「抽籤」的意思，普珥節這個名字源自於一位名叫哈曼的波斯宰相，當時他為了決定要在哪個日子消滅猶太人而抽籤。

對猶太人來說，普珥節是個喜悅與解放的日子，所以他們會辦得盛大華麗，他們會做各式各樣的打扮，吃一種象徵哈曼的點心，雖然他們平時不會飲酒過量，但這天，到了晚上他們會一直喝葡萄酒直到醉倒，因為這就是一個值得大肆慶祝的好日子。

普珥節最有名的就是短劇，他們會將平時具有權威的東西，編成短劇來當成取笑的對象，在學校會拿平常很兇的老師當成短劇的主角，誇張地模仿對方的衣著、特殊的說話方式與走路的樣子來慶祝這一天，而被嘲笑的當事人，也會一起笑著享受這個節日。

我人生中的唯一，隔代教育哈柏露塔

稱讚過程勝於結果，將使成就感與自信心倍增

派翠西亞・波拉蔻寫的《蜜蜂樹》當中，描述了一位猶太老人教導孫女讀書的故事。爺爺告訴覺得讀書很無聊的孫女說，有一本書紀錄著上帝的話，那本書比蜂蜜還要甜美。爺爺每次和孫子共讀那本書的時候，都會滴一點蜂蜜在孫女的舌尖上，而同時爺爺也在教導孫女讀書之前，會對孫女說一些祝福的話。很快地孫女就體驗到讀書的美好，並找到了讀書的樂趣。

自古以來韓國的傳統大家族，都採用隔代教養的方式，由祖父母和孫子、

孫女一起生活，教導他們禮儀規範與生活的態度。根據記載，韓國著名思想家退溪李滉也曾經以隔代教養的方式參與孫子們的教育，他與孫子通了一百多封信，藉著通信的方式教導孫子生活習慣、學習態度與禮儀規範。

閱讀西元一五六〇年李滉寄給孫子的信，可以讀到：「今天看到安東那邊傳來的科舉考試合格名單，得知你們合格的消息，即使知道這只是僥倖，但還是高興得不知所措……雖然你已經在讀〈周易〉，但〈啟蒙〉也非讀不可，千萬不可以放鬆，希望你們能盡快回去開始閱讀〈啟蒙〉」。從這段內容中可以得知，大學者退溪李滉先生，非常熱衷於教育自己的孫子。

在韓國的傳統中，祖父母不僅能幫忙養育孩子，更能肩負起教育的責任，他們能夠全面負責孫子們的飲食、穿衣、用餐禮節、說話方式等，在那個沒有現代幼兒教育設施的時代，祖父母就是在自己房裡，讓孫子坐在自己的膝蓋上學習，若是男孩子，到了上小學的年紀，就會寄居在爺爺的書房，學習迎接客人的禮儀、與大人應對等日常生活交流方式。

美國北卡羅來納大學的一位教授，就曾經調查過祖父母與孫子女的關係，研究結果顯示「地理上越接近，或是越常與祖父母接觸的孩子，成績和長大之後的成就都比較好」。

美國愛荷華州曾經為了找出對青少年人生帶來影響的變數而進行一個研究，這個研究也得到類似的結果：越常與祖父母見面、認為祖父母是人生中重要變數的孩子，越能不受外界影響，發揮自己的學習能力，父母離婚、分居、經濟困難等，都不會影響到學習能力。祖父母的存在，就在孩子的內心鋪墊出最紮實的基礎。

美國歷史上第一位黑人總統歐巴馬曾說：「祖父母是我的英雄。」毫不吝惜表達對祖父母的愛。二〇〇八年大選前兩周的緊張時刻，歐巴馬還到病房去探望自己的外婆，對歐巴馬來說，外公、外婆就是相當於父母的存在，他之所以能以黑人之姿打破種族藩籬，登上世界權力的巔峰，祖父母發揮了極大的影響力。

歐巴馬自小他的父母就離異，十歲時母親把他託付給祖父母。他的生活中有許多會為他帶來負面影響的條件，包含身為十多歲的黑人小孩、單親家庭、母親再婚且在他的成長中缺席，但歐巴馬仍在祖父母的教導之下，成為全球最有權力的總統。

他能進入知名的哥倫比亞大學、哈佛法學院，也受到祖父母很大的影響。黑人混血使歐巴馬經歷了認同危機，而外公也教導他要多和黑人朋友交流、增加自己的體驗，後來歐巴馬回憶：「祖父母告訴我，愛、對學習的渴望，是會讓我們更有意義的事情。」祖父母的愛與支持，成了歐巴馬的希望，所以歐巴馬也讓自己的孩子和外婆住在一起。他的全名巴拉克．歐巴馬當中的「巴拉克」是祝福的意思。歐巴馬不是就獲得了祖父母滿滿的祝福嗎？

美國意識到隔代教育的重要性，便自一九七八年起將每年九月第一個星期日訂為「祖父母日」。

隨著社會進化至核心家庭，雙薪夫妻最大的困擾，就是工作的時候必須找地方托嬰，孩子對代替父母照顧自己的人所產生的依戀非常重要。

曾經有份問卷邀請七百位有子女的二十至四十歲女性，表達對祖父母隔代教養的看法，接受調查的人當中，有百分之四十五的人表示子女的情緒更豐富、百分之十九點五的人表示子女的健康情況更好等正面意見，但也有為數不少的負面意見，諸如百分之五十六點六的人覺得孩子變得沒有規矩、百分之二十六點三的人認為生活習慣變差等。

即便如此，仍有百分之三十的雙薪夫妻，會以祖父母對自己的孫子女會照顧有加、會注意孩子的安全為由，將子女交給祖父母照顧。

不過祖父母要承擔這種晚年育兒的責任，自然也會遭遇很多問題，雖然心裡很願意幫忙照顧、養育孫子女，但體力上卻負荷不來，其實祖父母也會說「孫子孫女來是很開心，但他們走了之後會更開心」，這表示祖父母雖會因為孫子女撒嬌而開心，但要照顧他們，在體力上確實是有困難。

以六十歲以上的祖父母為對象實施的精神健康調查結果，顯示一星期花四小時以上跟孫子女一起生活，祖父母的生活滿意度會提高，罹患憂鬱症的機率則會降低。

相反地，全天候育兒的祖父母，身心都會承受極大的壓力，這個結果告訴我們，雖然有些時候逼不得已要完全將養育子女的責任交給祖父母，但祖父母若能花費適當的時間陪伴孫子女，也對維持精神健康有一定的幫助。

TIPS

恢復彈性研究

在經歷逆境或失敗之後，即使處在艱困的大環境下，仍然能幫助自己恢復的力量，就叫做恢復彈性，在夏威夷考艾島的宗教研究當中，就曾經以兒童當做恢復彈性研究的對象。一九五〇年代夏威夷考艾島是個充斥著失業、酒精中毒、毒品濫用的地方，心理學家艾美．維爾納調查了在考艾島出生的八百名新生兒，並在未來的四十年間持續追蹤他們。

她將處在最惡劣環境下的二〇一名高危險群區分出來，集中調查他們的生活，結果十分驚人，二〇一名生長在惡劣環境的的高危險兒童當中，有百分之三十五出現例外。他們在學校取得非常優秀的成績，甚至成為學生會長，在大學裡也拿到獎學金，相當於模範生。在調查這些例外的過程當中，她發現了恢復彈性的這個概念。她發現，如果幼年期有人以愛來養育這些孩子，或是有一個愛著自己、支持自己的家庭成員，那孩子就會擁有恢復彈性。

即使不是家人，而是地區社會中受人尊敬的老師、特別照顧他的親切鄰居、好朋友等，只要有一個懂得支持、珍惜自己的人，孩子就會擁有可以克服惡劣環境的恢復彈性能力。

同理心與支持，哈柏露塔子女對話法

對話的主題不該是單方面的教導，而是闡述個人見解

哈柏露塔是以為對方著想、對對方的尊重為基礎，進行對話與討論的交流方式，沒有任何一方握有主導權，而是兩個人站在同等的立場分享對話，互相傾聽對方、闡述自己的見解以延續這段對話。

跟夥伴分享哈柏露塔式對話之後，會感覺和對方更加親近，心情也會更好，這種懂得為他人著想、尊重他人的交流方式，是所有人際關係的基礎。與子女的對話也是一樣，父母尊重並顧及子女的立場，就可以維持良好的關係，但如果父母單方面握有主導權，那無論多努力跟子女對話的，都很難和子女交心。

在韓國電視台播出的綜藝節目〈爸爸去哪兒〉當中，尹民秀和尹厚父子的對話方式，就讓很多人產生共鳴。尹民秀是用稱讚、灌輸樂觀想法的方式來和兒子溝通，他們在泥灘裡挖貝殼的時候，獨自一人挖貝殼失敗的兒子不開心地說：「我可能不太會找。」這時候尹民秀就沒有把自己找到的貝殼挖出來，而是讓兒子去挖。兒子挖出貝殼之後問：「爸，這是我找到的吧？」尹民秀便回答說：「絕對不是爸爸找到的，」用這種方式幫兒子打氣。

當兒子說要自己去挖貝時，他也毫不吝嗇地稱讚說：「我兒子真是男子漢，居然能用手直接把貝殼挖出來，太帥了。」這集節目播出之後，尹民秀的教育方式便掀起了討論，人們讚不絕口地說：「就是因為這樣，尹厚才這麼聰明伶俐。」

有一種教育理論叫做「畢馬龍效應」，這是哈佛大學心理學系的羅伯特．羅森塔爾教授在「稱讚與肯定為孩子帶來自信」的研究中歸納出的教育理論。

他從舊金山某間小學裡隨機選出百分之二十的學生，並把這份名單交給老師，告訴老師這是一群智商很高的孩子，而在八個月後，名單上的這些學生平均成績比其他的學生高上許多，老師的鼓勵給了孩子自信，讓他們更相信自己可以成功，畢馬龍效應也是類似的意思。

也有另外一個效果完全相反，叫做「污名效應」的理論。這個理論是說，人一旦被貼上壞人的標籤，就會自己主動去做那些不好的行為，也就是說當你以期待和鼓勵去對待別人的時候，對方就會努力回應你的期待，並讓這份期待成真，但當你一旦認為某個人是壞孩子，對方的情況就會越來越差。有句話說稱讚能讓鯨魚跳舞，所以父母必須熟悉這樣的對話方式，以灌輸孩子自信、灌輸他們正面情緒。

有一個實驗是藉由觀察各種不同的對話類型，希望能夠研究出跟怎樣的人對話時，會使人較容易感到滿足，研究人員要求受試者在對話時，必須努力尊重對方，並觀察他們對話的情形。

面對不同的情況時，受試者的偏好如下：百分之四十的人喜歡跟願意聆聽自己的人說話，百分之五十的人喜歡跟有互動的人說話，百分之九十的人喜歡跟願意聆聽自己，也會跟自己有互動的人說話。

實驗結果顯示，當對方專注聆聽我說的話，並跟我有互動時，說話的人就會說得更用心，同時也覺得自己受到尊重。

在責備與嘲諷下長大的孩子，很容易貶低自己，也很難產生自信，當孩子做錯事，大人應該是指責這個行為本身不對，絕對不可以責怪孩子本人。

其實在日常生活中，要帶著顧慮與尊重跟子女對話並不是件容易的事，這是因為父母認為自己的地位比孩子更高，父母會被因為我是家長，所以必須教導孩子的想法所支配，從來不曾想過應該要把主導權交給子女。

讓我們來看看下面這個對話：

1. 傾聽、接受子女說的話，並表達感同身受

「原來你喜歡這些東西啊，對，這是有可能的。」

「媽媽也曾經這樣過，聽到這種話我也會生氣。」

2. 支持鼓勵的話

「雖然很辛苦，但你還是撐到最後了，努力的樣子真是了不起。」

「既然你下定決心，那就堅持到最後看看吧，我為你加油。」

3. 表達自己的想法

「你這樣讓我很難過，感覺好像你無視我。」

「我希望你可以這麼做。」

4. 確認孩子的想法，或是用提問的方式來說話

「你不是因為媽媽叫你去寫作業而生氣，而是因為不喜歡我的表情嗎？」

「寫作業的時候媽媽可以幫你什麼嗎？寫完作業之後你想幹嘛？」

此外還有「你不喜歡我說的話啊」、「你是想讓我開心啊」、「想要把書讀好的人，絕對不會不寫作業」、「能不能跟我說你學了什麼」等等，留意孩子的心情改變再跟他們對話，這樣就會改變他們的行為。

父母經常會用「朋友都在等你，你怎麼還這樣慢吞吞的？再這樣下去你以後要怎麼辦？」這種方式來批評、指責孩子的個性和行為。

但在這樣的情況下，父母應該是要用「讓朋友等你是在浪費朋友的時間，遲到了，快點吧，不要忘記跟朋友道歉」這種方式，來指出孩子動作太慢這件事本身是不對的，並藉機教育他們。

有時候叫孩子說出讓他們難過的事，他們也不會輕易說口，只有在相信父

母會完全接受自己的情況下，他們才願意敞開心胸。

讓我們來看看尹民秀先生的兒子尹厚對話的例子吧，成東日先生扮成動物出現在尹厚面前，要尹厚在他的臉頰上親一下，尹厚害怕地說：「對不起，我現在沒辦法這麼做，因為你是牛，而我是人，我們不一樣，對不起。」尹厚連對動物都非常溫柔，用這種不傷害動物的方式來說話，讓對方了解自己的處境與想法，這就連大人也很難做到，要有為他人著想的能力才能做到這一點，而正是因為父親尹民秀與眾不同的教育方式，才能造就尹厚這種懂得為他人著想的行為。

TIPS

父母傷害子女的話

1. 否定子女存在價值，或是打擊自信心的話

「我不想看到你，出去，生下你真是太蠢了。」

「你至少要會一點什麼吧，怎麼你做的每件事都這樣。」

2. 跟其他孩子比較或是挖苦的話

「要是你有你哥哥的一半就好了，你怎麼都比不上弟弟？」

「好啊，要這樣是嗎？你還真了不起，我們走著瞧。」

3. 催促或是拒絕對話

「懶惰鬼，動作怎麼這麼慢？到底在磨磨蹭蹭什麼，還不快點！」

「你在那裡頂什麼嘴啊，快說啊，想說什麼就快說啊！」

此外還有「你這些缺點怎麼跟你爸一個樣？」「我怎麼會相信你，真是有夠蠢」等等。

接受孩子原本的樣子

因材施教的子女教育

在養小孩的時候，偶爾會覺得這樣的關係讓人感到愉快，但有時候也會覺得養孩子讓人很辛苦，這是因為父母與子女的個性、行為不同所造成的。原本就不同的個性與外在環境相互作用之後，會使我們做出不同的行為，進而互相碰撞、讓彼此痛苦。

每個人都有自己天生的氣質與個性，不同的氣質與個性就是每個人獨特的一面，所以我們很難去區分誰好誰壞，這就像是問蘋果跟梨子哪一種是比較好的水果一樣。

有人一定要把空間整理乾淨，也有人完全不在意房間變得像垃圾堆，有人喜歡獨處，也有要和別人一起玩才會覺得幸福的人，有人喜歡靜靜地思考，這些都是每個人與生俱來的個性。

如果不能理解這種不同，那麼當喜歡安靜獨處的母親，遇上精力旺盛、充滿好奇心的兒子，就會難以忍受彼此，給彼此帶來巨大的壓力。世界上沒有完美的父母，養育孩子也沒有正確答案，只是父母要了解自己的個性、理解並接受孩子原本的樣子，盡量減少生氣或是讓自己有壓力的情況發生。

一九二〇年威廉博士就研究了人的行為模式，發現行為會隨著與環境相互作用的狀態，分為掌控型、影響型、穩定型和分析型等四個類型。

在特定的狀況下，掌控型和影響型會很快把事情處理好，而處理事情較緩慢的則是穩定型和分析型。

當然，每個人會因為所處的環境不同，而產生不同的相互作用，所以我們不會絕對屬於哪一種特定類型，在家是影響型的人，到了工作場合很可能會以掌控型的方式來做事，但我們可以知道，人格的類型大致可分為這四種型態。

掌控型處理事情的速度很快，行動是以事情為主而非人際關係為主，因為他們有很強烈的自我，做事也屬於目標導向，所以傾向很快推動一件事，因為好勝心強，所以不如意就容易生氣，雖然會很果決地推動事情，但比較不持久，而且常常沒有辦法好好地收尾。

相反地，影響型的人格在處理事情時，速度比較快一點，行動多以人為主，是屬於充滿正面能量的樂觀型，不太擅長接受稱讚，喜歡比較輕鬆自在的氣氛，個性開朗、富有創意力與想像力，偶爾會做出一些出乎意料的事情。

而穩定型和分析型處理事情速度較慢，是不喜歡過度顯眼的消極類型，比起提出自己的看法，更喜歡遵循別人的意見，這類型的人不喜歡改變，很擅長協助別人卻不會站出來當領頭羊，雖然看起來像會乖乖聽父母的話，但其實他們也不完全聽話。

而分析型的人則是很仔細、做事謹慎的人，是以事情為中心，每一件事情都會注意到細節，追求完美，喜歡計較一件事情到他們可以接受為止，不容易被說服，有責任感，會把自己負責的事情做到最後，如果有人沒能堅持到最後，他們也會毫不猶豫地批評對方。

我們常說子女會跟父母很像，但其實孩子的個性雖然像爸媽，卻又並非全然相同，了解孩子個性的父母，如果能用不同的態度來教育他們，就能有效地減少親子間的衝突。

掌控型父母會希望孩子聽從自己建立的規定，常以強迫的態度命令孩子，或是要求孩子要照父母的意思來做，比起考慮子女的個人差異，他們更希望孩子可以配合自己的目標，所以當掌控型父母與掌控型的孩子相遇，就會為了爭奪主導權不斷發生衝突。

掌控型父母與分析型的子女，也是不太好相處的組合。分析型是不會認同自己、接受自己的類型，所以也不會輕易接受掌控型父母的強迫。掌控型父母和分析型的孩子，很可能陷入心理對峙的狀態，掌控型父母失去控制權時，就會承受巨大的心理壓力，但俗話說沒有父母能贏過孩子，多少還是要讓孩子擁有一些決定權，這樣才能避免親子衝突。

與其因為孩子作業寫得慢而痛苦，不如退一步靜靜地看，培養一點耐心比較好。所以掌控型父母最需要的，就是細心傾聽孩子的需求。與掌控型父母不同，影響型父母則會展現出子女想要什麼都願意做的放縱態度，影響型父母不會嚴格管教子女脫序的行為或錯誤，在管教上會採取前後不一致的態度，可能會因為過度的愛而產生「我的孩子最棒」這種想法，進而不再客觀中立，只要遇到孩子的問題就會隨便決定。

影響型父母必須建立起不變的標準和原則來對待孩子，並以現實的角度來評價自己的孩子。

另一方面，穩定型父母則會把大部分的時間花在孩子身上，即使生氣也不會表現出來，因為他們過度包容孩子，所以孩子很容易依賴父母，這樣的組合不容易發生衝突，家庭大致上還算和樂。

不過穩定型父母不夠果決，所以遇到孩子的問題很容易袖手旁觀，或是把權限交給孩子，讓他們自己去處理，這類型的父母需要表現得更加積極，接受全新的教育資訊，也要對這些資訊更加敏銳。

分析型父母會希望把孩子養得端正又完美，所以他們的心中會有一套冷靜客觀的評價標準，這些吝於稱讚的父母，會不斷說明他們的理想，並且確認孩子是否有做到。站在孩子的立場，則是覺得總要被爸媽評價很有壓力，生活十分緊張。

分析型父母需要對子女更加包容，比起用理論來說服子女，更需要有雅量接受子女的想法，以客觀的態度來對待孩子固然很好，但也可能會讓人覺得過度冷酷。所以即使是刻意的，也應該要努力稱讚孩子。千萬不能忘記，孩子需要在父母的愛護下幸福長大。這並不是誰的錯，但父母和子女的行為模式若不一樣，就很可能會讓人感到痛苦。

因為雙方天生的個性就不一樣，所以父母更需要為了子女的幸福努力調整自己的態度。比起生氣地想，「他為什麼會這樣？真是瘋了！」更應該要想，「哎呀，他的個性跟我不一樣」，來接受子女和自己的不同，如果不這麼做，掌控型父母和掌控型的孩子，就會天天因為大小衝突而鬧得不可開交。

另外，影響型小孩若有一個分析型的母親，就可能因為母親的碎碎唸而感到難以喘息，如果有掌控型的父親和分析型的母親，那孩子就會覺得人生很辛苦，因為他們沒有辦法贏過愛控制的爸爸和喜歡碎唸的媽媽，掌控型的孩子遇上分析型的媽媽，這樣的生活也不好應付。

父母在面對子女時要懂得調整自己，跟孩子一起玩的時候，要展現出影響型父母或穩定型父母的態度，教導孩子正確的習慣或禮儀時，則要成為掌控型父母，比起用自己是家長的態度來控制孩子、帶領孩子，更應該配合狀況彈性應對，這才是父母必須的能力。

孩子期待的其實很簡單，就是確信父母很愛自己，以及相信自己在家中是很重要的人物，享受父母的愛這件事，可以讓孩子變得幸福。

面對孩子的問題行為時，採取「你真的要這樣嗎？要對媽媽這麼沒禮貌？我真的搞不懂你」這種態度，對教育完全沒有幫助。

在面對問題行為時，有些孩子需要配合他們的個性來以理說服，也有些孩子必須以責罵的方式嚴加管教，父母必須配合孩子天生的個性與氣質，用不同的方式教養孩子。

會對媽媽生氣、反抗媽媽，並不是因為他天生是個壞孩子，這樣的反抗是孩子希望媽媽能夠了解自己的心，因此父母在責罵孩子之前，應該先體察他們的心、把他們的心力帶往正確的方向，父母和子女的情緒交流，就是解決衝突的開始與結束。

TIPS

掌控型母親的子女衝突案例

接下來，就讓我們看看母親與孩子之間的對話範例吧。

媽媽：「這是你要我做的蛋包飯，快吃吧。」

孩子：「我不要吃。」

媽媽：「奇怪，是你要我做的，我好不容易做出來，你說這是什麼話？」

孩子：「我今天不想吃，蛋包飯是我前天想吃的東西，我現在想吃炒飯。」

媽媽：「你快吃。我要怎麼再做炒飯？你怎麼每次都讓媽媽這麼辛苦？」

孩子：「不要，我什麼都不要吃了。」

媽媽：「你還不快吃？」

孩子：「不要，妳自己吃。」

看完這個對話，可以發現孩子在與母親的關係當中出爾反爾、違反禮節，對媽媽很挑剔。但其實孩子有不同的想法，他希望的是媽媽尊重自己的選擇，孩子希望自己成為主角、想盡情做自己想做的事，掌控型的母親卻採取高壓的態度。

寡婦與兒子

寡婦有一個兒子，她決定要為了兒子奉獻自己的一生。她非常用心，讓孩子不需要為芝麻綠豆大的小事擔心、煩惱。

但她越是用心、越是付出自己的愛、越是把孩子當成金枝玉葉般珍惜，兒子臉上的笑容就越來越少，也變得越來越軟弱。雖然她努力想讓兒子露出笑容，但兒子那張發黃的臉卻整天打著哈欠，由於她在兒子身上投資大把大把的金錢，

最後終於把老公留下來的遺產全部用光，無可奈何的寡婦只好買掉房子，去找一份工作。

因為辭退了兒子的家教，所以她只好把寶貝兒子送去學校。

在學校，兒子交到了調皮搗蛋的朋友，成天一起惡作劇，寡婦則是整天提心吊膽。但不知為什麼，從兒子開始上學之後，他就開始會笑了，兒子和同齡的朋友來往之後，才終於體會到人生的酸甜苦辣。

也因此發現始終被媽媽阻擋的幸福之門。當幸福來到，兒子便得以找回笑容，變得更加堅強。

其貌不揚的樹木可以保護一座山，開在峭壁上的花朵更加美麗，遙不可及的星星能為我們指引方向。

- 讀書要追求的不僅是知識，更是智慧
- 帶著疑問觀察四周，會發現這個世界充滿了許多值得思索的東西
- 和夥伴討論，成為彼此的老師
- 世上有無數個天才，要讓孩子與眾不同
- 父母與孩子，要以對等的高度互相問答
- 哈佛大學驗證的餐桌教育效果
- 聆聽對方的意見再闡述個人想法便是哈柏露塔
- 找出與眾不同的個性，讓所有人成為勝利者
- 對猶太人來說，討論與爭辯就是一種娛樂、一種遊戲

Part 3

猶太傳統五千年，塔木德學習法！

兩人一組的對話學習法

讀書要追求的不僅是知識，更是智慧

猶太人認為學習最重要的不是聽而是說，所以猶太父母很歡迎子女提問。喜歡說話的猶太人在讀書的時候也很吵，在學校或圖書館，他們會兩人一組盡情說想說的話，一邊聊天一邊讀書。

猶太人的圖書館不是安靜讀書的地方，而是對話討論的吵雜空間，甚至會吵到令人難以忍受，看起來就像個沒有秩序、沒有禮貌的地方，對話與激烈的討論造成的吵鬧，就是猶太人的教育文化。

猶太學生有時候甚至會指出老師上課的內容有誤，確認自己真的出錯了的老師，也會若無其事地回以「謝謝」，然後接著繼續上課，這樣的上課情形對我們來說很陌生。

猶太學生會為了討論事先準備資料、預習課程內容，知識是在蒐集資料、預習課業的過程中累積，他們會在學校或圖書館跟自己的夥伴碰面，對話、討論，發現自己沒有想到的部分，並針對這些內容展開討論與爭辯。

面對與自己想法不同的主張，他們會提出異議，並以理論反駁以拓展自己的智慧，他們會藉著問題不斷思考，不會全然接受對方的主張，而是會以對知識的好奇心不斷提問。如果我們是為了追求知識而學習，那他們就是超越知識，為了追求智慧而學習。

世界上第一個實施義務教育的猶太民族，建立起無論在世界哪個角落都可以學習的「葉史瓦」，葉史瓦在希伯來文中是「坐著」的意思，隱含著學習塔木德要「坐下來研究」的意思。猶太人會兩兩一組在葉史瓦學習，所以葉史瓦的座位設計，也是能讓學生對坐討論的樣子，學生會大聲讀書、彼此提問、回答，葉史瓦不是讀書的地方，而是傾聽對方說的話、提出疑問的地方。

即使是知名拉比的見解，猶太人也可以提出個人意見反駁。他們會提出自己的主張，說出自己的想法與意見，有時候會為了闡述自己的意見，像在吵架一樣地大聲說話。

每一個猶太人都會有個夥伴，隨時隨地提問、討論、爭辯，他們認為自己有權利向對方說出自己的想法。猶太人有一種名叫「虎之霸」（Chutzpah）的特殊精神，這個字在希伯來文中代表「厚臉皮的、莽撞的、過分的」之意。在舊約聖經中，猶太人對將自己從埃及拯救出來的摩西不滿地說：「要和埃及追兵打仗的話，那還不如留在埃及算了。」摩西也反駁說，是因為耶和華命令他「把猶太人從埃及救出來」，所以自己才無可奈何地做了這件事。

這種挑戰權威、毫不猶豫地對上面的人說出自己的意見，就是猶太人的Chutzpah 精神，許多在學問上或學界獲得偉大成就的猶太人，都是在這種環境下長大。

與夥伴對話、學習的方式，是從拉比們學習塔木德的方式中挪用而來，拉比會不斷針對妥拉的解釋進行討論與爭論，以自己的解釋與看法提示不同的方向。

塔木德是以拉比的爭論寫成的書，猶太人的塔木德，會隨著不同解釋而出現許多分支，猶太人會透過塔木德來培養思考的力量，透過對話、討論與爭論自由地思考、維護屬於自己的人生。

對話與討論時，若有不懂的地方就沒辦法闡述自己的意見，也無法加入討論與爭辯，所以一定要事先準備，提問與討論的目的並不是為了找出唯一的解答，也不是決定誰對誰錯，而是透過討論的夥伴找出新的想法。猶太人的自由對話與討論，是奠基在對彼此的支持、鼓勵以及尊重的態度之上，也就是說對話與討論的課題核心在於關係。

猶太人跟夥伴對話、討論，藉由這個過程獲得許多一生的至交，猶太人強大的人脈，就是藉著對話與討論累積起來的重要資產，無論是父母、朋友、老師，或者是鄰居的大叔，每個人都可以成為夥伴。

猶太人這種藉著與夥伴一起對話、學習，以接觸到更多智慧的塔木德學習法，對我們來說也非常有效。

TIPS

朋友教學學習法

朋友教學學習法是一種後設認知學習，所謂的後設認知，是由代表一個階段較高階的 Meta，和代表得知某個事實的 cognition 組合起來的單字，有「認知的認知」的意思，此外還有一個意思是「認識到自己所不知道的事情」。

從學習效率金字塔中可以發現，上課的學習效率是百分之五，而說明、解釋的學習效率則是百分之九十。也就是說，在教導朋友的過程中，透過說明、解釋，就能夠正確表達、整理出自己所知道的內容，這樣的能力稱為後設認知，進而可以讓這些內容留在自己腦海中更久。

過去我們總是單方面聽老師講課，但如果有機會再對著同學解釋一次自己學過的內容，就會知道自己可以完美說明哪些部分，以及沒辦法說明哪些部分，那些不太了解的部分，就會透過說明解釋被過濾出來。

哈柏露塔成對學習法，就是一種提升後設認知能力，努力達到完美學習的學習方法。

如果無法講解，那就是不了解

帶著疑問觀察四周，
會發現這個世界充滿了許多值得思索的東西

猶太人認為一位拉比值不值得尊重，取決於他可以用多有邏輯的方式來闡述自己的意見，所以猶太人會鼓勵子女好好說出自己的想法，即便孩子提出了荒唐的問題，他們也會很認真看待。

但韓國教育重視的是提高學生的考試成績，韓國人相信考試成績就是實力，韓國學生接受的評價標準，是強調藉著背誦寫出正確答案的能力，以及用簡單的方式寫出自己所知道的事情。

在感受不到學習的喜悅、學習動機不足的情況下，學生只是為了得到好成績而學習，只要考完試就結束了，使用的是看過、聽過、背過、考過就忘記的學習方式，而且我們還會以有沒有答對題目來為學生排序。

無論一個孩子在其他領域擁有多麼優秀的才能，只要考試成績落後別人，最後就會被貼上不會讀書的標籤。比起學生的多元可能性，韓國教育更注重的是有多快可以找出唯一的正解，在這樣的情況下，多元思考自然會受到限制。

「又快又正確」就是韓國教育面臨的殘酷現實，「又快又正確」這句話，適合用來形容機器而不是人，宣大仁經濟研究所所長的著作《工作的未來》當中，就提到「未來我們應該要開發出人工智慧或機器人無法取代，專屬於人類的能力」。

他主張應該大幅改善教育系統，藉著教育培養這些能力，在未來社會找出問題並加以解決、和他人溝通以交流資訊、相互合作的能力將越來越重要。

未來學者艾文．托佛勒也認為，「韓國學生為了未來不需要的知識、不會存在的職業，一天花上十五個小時學習」，點出了韓國教育的現實問題。

蘇格拉底曾說：「與自己的對話便是學習。」人們不知道自己並不了解自己、什麼都不懂，所以才會覺得這世界充滿疑問，所以他總喜歡抓著人問問題。

塔木德告誡猶太人：「老師不能單方面傳授知識給學生，學生如果只是聽老師講課，那就等同在養一隻鸚鵡。經常和學生相互對話，教育的效果也會越來越好。」

猶太父母教導孩子，除了舊約聖經裡的上帝之外，要對這世界的一切抱持著疑惑，所以他們才會從小就開始不斷問「為什麼」，接連不斷的「為什麼」，讓猶太人在歷代諾貝爾得獎者佔有百分之三十的比例，這也讓總人口數不過四百萬的猶太人，能在人口規模約是二十倍的阿拉伯文化環伺之下與之對抗。

他們的小學不會教九九乘法表，而是會讓孩子自己從一個7就是7、兩個7就是14、三個7就是21的方式學習，了解這樣的道理之後，九九乘法表就變得沒有意義，創意不是從背誦開始，而是來自於想像力。

若帶著「為什麼」(Why)與「怎麼做」(How)」這兩個問題觀察四周,就會發現這世界上充斥著許多值得好奇的事。「為什麼、怎麼做」這些問題,會引發好奇心,也會成為學生的學習動機,如果能帶著好奇心去學習,那就會學得樂不可支。

電視台的紀錄片〈我們為什麼要上大學?討論廣場〉當中就做過一個實驗,研究使用不同學習方法對學習效率帶來的影響,實驗結果顯示,比起獨自一人讀書的學生,透過和朋友對話、討論學習的學生成績更高。

這也驗證了解說學習的效果,因為透過解釋與說明來學習,就會啟動後設認知的能力。

所謂的後設認知是客觀看待自己的思考能力,自己不知道的事情就無法用語言說明,也就是說這種方式可以幫助我們,找出誤以為自己已經明白的部分,自己一個人讀書就無法經由這個方式進行客觀驗證,反而經常容易誤以為自己已經懂了書中的道理。

但如果用語言說明，就會明顯發現自己不明白之處，因為不懂的地方是無法用言語說明的，學生知道自己不懂的地方，會為了彌補這個部分建立並執行計畫，進而找出正確答案，這就叫做後設認知能力。

我們用語言說明一件事時，大腦受到的刺激最大，因為說話的過程中會需要經過劇烈的思考，語言會透過不同的感受傳遞到腦部，用嘴巴說出來就會用耳朵聽見，用筆寫下來則會用眼睛看見，說話可以同時刺激大腦的不同部位，透過五感來學習，所以記憶會更加持久。

為了要長時間記住知識的內容，親身經歷是最有效的方法，透過討論與爭論，我們的大腦會將學習內容淬鍊成精華，轉變成長期記憶。反駁對方的主張、提出反對的意見，也會引導我們不斷思考，放大學習效果。當然，短時間內專注學習內容，並把內容背起來可能會更快，但學習的目的並不是為了獲得更多的資訊，而是要找出不同的思考方式，投入在多元思考的過程之後，自然就會出現創意的想法。

聽、讀等被動的學習方式，並不是由自己主導的學習，所以不複習很快就會忘掉，相反地，體驗或口說是自己親身經歷過的事情，所以記憶會更持久。

在學習這方面，教導朋友等以口說方式講述學習內容的方法，學習效率比單純聽課要好上十八倍。韓國的教育也必須要使用把學習內容換成自己的語言，再重新詮釋一遍的教育方法，我們需要採行「沉默不是金，無法用語言講解就表示不理解」的教育理念。

因為不遠的未來，和他人溝通、交流資訊、合作的能力，將會是最受矚目的焦點。

TIPS

學習效率金字塔

一九五七年，蘇聯發射了人類第一顆人造衛星「史普尼克號」，讓美國大受打擊，於是美國的行動科學研究所，就開始研究提高學生學業成就的學習方法。

研究結果顯示，不同的學習方法會有不同的學習效率，而研究所也公開了下面這個以數據製成的學習效率金字塔。

以一般人的標準來看，使用不

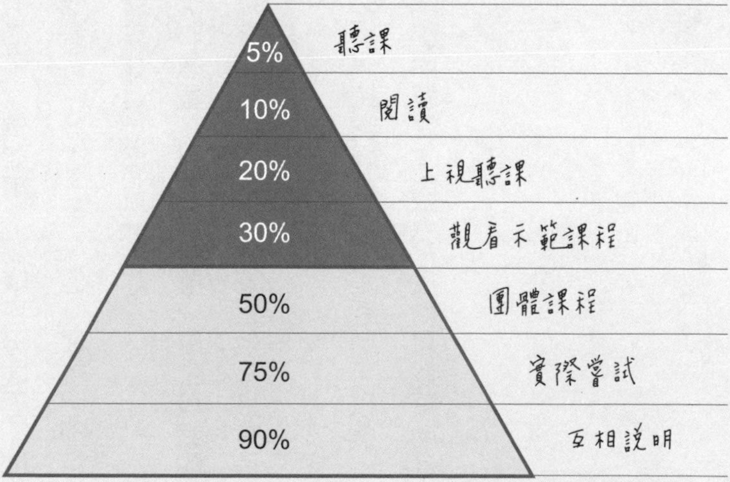

同的學習方法，經過二十四小時還會記得的內容比例如下：聽講百分之五、閱讀百分之十、上視聽課百分之二十、示範或實習百分之三十，但解釋説明卻可以高達百分之九十。學習效率金字塔將會是翻轉韓國教育的契機。

過去，我們的教育是由老師主導的授課式教育，以老師講解、學生聆聽的單向式教育為主，但從學習效率金字塔的標準來看，這是一種學習效率只有百分之五的教育方式。

而且學生們要專注聽老師講解，所以必須保持安靜，反而是老師可以獲得百分之九十的學習效率，也就是説老師向學生講解課本內容，反而可以幫助老師整理自己的想法。

猶太人的提問學習法，哈柏露塔

和夥伴討論，成為彼此的老師

塔木德中有句話說：「不假思索接受他人指導的人，會使權力敗壞，使自己腐敗。」這句話的意思是說，我們不能完全接受別人給的東西，而是要以不同的方式來詮釋過去的研究結果，透過提問來推出其他的結論。

猶太人認為若沒有一起進行哈柏露塔的朋友，那就和死沒有兩樣，將學習的夥伴當成人生一樣重視，透過與夥伴的討論和爭辯，可以幫助他們磨練自己的智慧，他們可以成為彼此的老師，交流並體察人生的一切。

哈柏露塔的重點在於提問，猶太人的教育不是聆聽的教育，而是提問的教育，所以培養提問的能力就成了他們教育的核心。

即使沒有問題他們也會創造問題，世界上的一切都會成為提問的素材。

未來社會的成功取決於創意，即將到來的第四次工業革命，將會與至今人類所經歷的一切截然不同，若過去的工業革命是以硬體為主，那麼未來就是以人類創意為基礎的軟體來主導變革。

未來的核心是人，將人與人、人與事物、事物與事物連結在一起的，終究是人，這也是我們必須要專注教育的最大原因。

未來若繼續採用這套以一個答案為唯一正解的背誦式評量系統，那將會看不見任何希望，最好的教育系統會教導學生如何思考，未來我們必須培養能夠跳脫現有的思考框架，提出與眾不同創意的人才。未來的學習將取決於提問與討論、交流與合作。

近來韓國也開始注意到提問式教育，有許多人開始實踐哈柏露塔教育，

KBS播出的〈學習的人類〉「最好的學習篇」當中，就曾經展示過兩種提問式學習法，一種是透過提問達到交流與合作的牛津大學一對一家教式學習，另一種則是美國菲利普斯埃克塞特學院的哈克尼斯圓桌教學法。

牛津大學的一對一家教式學習法，是牛津大學特殊的授課方式，是由一位教授專心提供兩位學生特別指導的教學方式，以學生提交的短文為基礎，教授持續不斷向學生提問，引導學生進行討論與對話，如果沒有事先準備好，就會無法應付這種高強度提問式課程，也是代表英國教育的最佳課程。

美國菲利普斯埃克塞特學院的哈克尼斯圓桌學習法，則是由教師與十二名學生圍繞著橢圓形的桌子坐下，以相互提問、討論的方式授課。哈克尼斯圓桌是取自美國石油大王艾華・哈克尼斯之名，一九三一年艾華・哈克尼斯捐贈鉅額款項給這所學校，採行圓桌討論的這種全新授課方式。

這兩所學校的課程共通點，就在於學生可以自由表達自己的想法，而老師只是課程的輔助，也就是採用透過提問與討論拓展思維、培養創意的哈柏露塔學習法。學生們相信自己並不是來學習東西，而是來分享自己的知識、秉持藉著提問學習的信念，進行以提問與討論為主的哈柏露塔課程，上課前若沒有事先準備，那肯定會被問得啞口無言。

為了讓問題更加活絡，首先應該要建立起「投契關係」（rapport），投契關係可以解釋成具包容性的關係，打破老師與學生之間授課與聽講的框架，在這種具包容性的關係、自由學習的氣氛當中，學生自然而然會產生許多問題。

所以最好的方法就是由老師提問的問答式授課，或是以幽默的方式引導學生提問，幫助學生鼓起勇氣、不要太過緊張。

醫生與患者之間也應該要有投契關係，否則會對治療帶來負面影響，醫生傾聽患者說的話，透過對話幫助患者想起愉快的事情，或是以提問幫助他們記起年輕時的回憶，藉此累積信賴感，這也代表患者必須相信醫師，這樣才能夠把病治好。

教育專家認為若不是帶著好奇心去學習，那麼學習就只像是一篇過目即忘的短文，若在學校只聽老師的講解，這樣等同一種死讀書，所以教育專家建議，在上課之前，應該要至少先熟悉要學習的課程有哪些內容，然後才去上課。

像是大主題、小主題、表格、圖畫等……若在上課之前能夠記起這些內容，就會有一種好像先預習過才來上課的感覺，記住內容這件事，本身就有引發好奇心的效果。

美國的溝通顧問桃樂絲·里茲就在《提問的七個力量》這本書中提到，只要提問通常就能夠獲得答案。她在書裡是這麼說的：

「如同我們在日常生活中經歷的事物一樣，提問也是只要經過訓練，就會像條件反射般地獲得解答，即便那個答案是錯的。

如果想要更正確一點的答案，那麼就要提出更正確的問題，經過這種訓練之後，我們就能只靠提問獲得好的回答，提問可以在尋找解答的過程中，培養邏輯思考與批判的眼光，也能產生判斷行為是否恰當的道德思考。」

在以色列，很多地方都會教導一年級學生學習「提問的方法」，提問本身就佔了學習的一半，他們追求的並不是比別人更優秀，而是和別人不一樣，比起贏過別人，他們更希望問得比別人更深入。

哈柏露塔課程的核心就在提問，大部分的人只要被問問題，就會開始針對問題思考，在現有知識基礎上提出的額外問題，將會刺激我們的大腦，我們會為了反駁、說服對方，而需要更精準的想法。

同時也需要找出對方理論的弱點，並提出更好的意見，在這樣的過程中，大腦便會進行批判性、綜合性的思考，這個過程便會培養出解決問題的能力。

人類透過討論與爭論的哈柏露塔學習法，可以培養出批判性思考與擴散性思維，哈柏露塔也能夠幫助我們透過自由的想像，激盪出奇特的創意。

從好奇心出發去提問，自然會激發出創意，像是「為什麼會那樣？換成是我的話會怎樣？」等等，能夠當做問題的題材將取之不盡用之不竭，那些原本只存在於書籍、電視裡的事情，只存在於電視新聞、學校裡的事情，都會變成我們提問的對象。

這世界上的一切，都具有提問的價值，不提問的人生，就如同停止成長一樣。孩子越小，他們提出的問題與想像力就令大人越難以招架，因為孩子很純真，所以非常有創意，他們會不斷提出令人難以想像的問題。

遇到這樣的情況，千萬不能說，「怎麼會有這種問題？」「不要再問了！」如果孩子因為提問被罵，那他們將會不再好奇、不再想像。所以當孩子提問時，父母要有耐心地反問：「你怎麼想？」「換成是你會怎麼做？」因為我們不可能知道所有的事情。

TIPS

哈柏露塔提問法

接著我們將透過猶太人會對子女講述的「小小猶太人」（little Jew）這個故事，來介紹提問的方法。

有個個子很矮的猶太人到阿拉斯加伐木場去上班，老闆為了給這個小矮子難看，便故意給了他一把大斧頭，讓他做一些困難的事情，站在一整排樹木高聳入雲的森林裡，這個人看起就像蟲子一般渺小，但他的工作技巧卻十分優秀，勝過每一個高個子。看見這個情景的老闆便問他：

「你在哪裡學伐木的？」

「我在撒哈拉叢林學的。」

「撒哈拉叢林？應該是撒哈拉沙漠吧？」

「對，是我去那裡把樹全砍了，所以那裡才變成沙漠。」

哈柏露塔提問雖然有很多種方法，但大致可以分成四種。第一種：以確認內容的方式提問，來確認陌生的詞彙是什麼意思，舉例來說像是，「阿拉斯加在哪裡？」、「伐木場是什麼意思？」、「撒哈拉沙漠在哪裡？」、「叢林是什麼意思？」、「伐木是什麼意思？」等等，以詢問詞彙意思的方式提問，或「六個W」的方法來提問：誰、什麼時候、在哪裡、做什麼？怎麼做？為什麼要做？等等。這是以反問的方式來確認內容。

第二種：提出深入的問題，像是利用「為什麼會那樣」、「如果做了～的話」、「如果～的話」、「如果真的要做～的話」等假設、類推、推論等提問，來針對還沒有發生的事情進行想像、提問。舉例來說像是「為什麼猶太人個子比較矮？」、「為什麼他要到伐木場去上班？」、「老闆為什麼想要給他難看？」、「難道沒有小斧頭，只有大斧頭嗎？」、「蟲子是指哪一種蟲子呢？」、

「伐木要怎麼做？」、「撒哈拉沙漠裡有什麼？」等，延伸出故事裡沒有提到的問題，以此進行思考與想像，孩子通常是透過想像提問，來做更多的想像、對內容有更深入的理解。

第三種：套用性提問，把狀況套用在個人日常生活中的提問。「如果老闆想罵我，那我會怎麼做」「如果我是那個人，我會認真工作嗎」等，試著站在主角的立場去思考提問。

第四種：綜合提問。舉例來說像是「你從故事中獲得什麼啟示」、「看到這個矮個子猶太人，你想到什麼美德」、「這故事的價值觀以及給你的啟示是什麼」等等。

這四種提問方式，是無論在哪種情況下都能夠練習的提問模式，各位可以就利用熟悉的童話故事或是伊索寓言等故事，來和孩子一起練習提問，當問問題變簡單、越來越熟悉提問的技巧之後，孩子的創意就能夠盡情揮灑。

學習與大腦的秘密，左腦與右腦

世上有無數個天才，要讓孩子與眾不同

拜筷子文化之賜，韓國人在斷奶之後，就開始學習使用筷子，因為筷子是吃飯的必備餐具，用鐵筷正確地夾起食物、把食物掃在一起、把食物切開、拿起、堆疊等等，其實都是很困難的事情，和使用木筷的中國與日本不同，鐵製的筷子很滑，所以需要更正確的握筷方法，使用鐵筷需要用到三百多個關節、六十多條肌肉，這也會對大腦發育帶來影響。

加拿大的著名神經外科醫生懷爾德．潘菲爾德，設計出一個大腦圖「皮質

小人」（Homunculus），他認為大腦從身體各部位接收到的感覺各不相同，從神經解剖學來看，有一條連接手與大腦的神經。

在這張圖上他特別凸顯了手的特別之處，和其他器官相比，手對大腦的刺激，在大腦皮質的感覺以及運動方面較高，也就是說，擅長用手的人可以給大腦最有效的刺激。

以身體各器官的大小，來代表對大腦帶來影響的神經細胞分布多寡。從圖上我們可以輕易地看出，手對大腦帶來多大的影響。

人的大腦分為左腦與右腦，兩個腦之間由許多神經連結在一起，大腦受到的刺激越多，就能夠越快製造出以突觸相連的神經迴路，所謂的突觸就是腦細胞之間傳遞資訊的神經傳導物質。

突觸在人類大腦發展的過程中，扮演決定性的角色，突觸網路的密集程度，會左右我們對資訊的理解能力、對事件的推理能力等思考能力。

嬰幼兒會把伸手可及的物品塞進嘴裡、或是用手去撕開、拆開，這也是幫助大腦發展的行為，小時候獲得的刺激越多，大腦的成長就會越快，我們傳統的育兒方法當中，有許多用雙手玩的遊戲，這也都是能幫助大腦發展的最佳範例。

小時候的大腦發展，有百分之七十是靠手、腳和嘴巴推動的，動的越多、越常用手，就是讓孩子越會讀書的秘訣。如果希望大腦發達，要從小就讓孩子從事可以用到雙手的運動或樂器演奏，這不僅能刺激他們的感性，同時也是能幫助大腦發展的最佳教育。

人的身體一動，大腦也會跟著動，大腦喜歡動，這句話的意思是，越常鍛鍊體力的運動選手，他們的腦袋就越好。運動選手若要在緊張刺激的團隊比賽當中取得分數、不失去分數，就必須非常用心，在這樣的過程中能讓大腦活絡，進而產生創意，讓我們有最好的表現。

猶太學生會面對面大聲讀書、一邊移動身體一邊學習，讀書時也會用手一邊畫線一邊讀，或用邊走邊說話的方式學習。

這種一邊讓身體保持活動一邊學習的方法，也是大腦喜歡的學習方式之一，我們的私塾教育就是最好的例子，古代私塾會讓孩子在學習時，大聲朗讀四字小學或明心寶鑑，身體還會配合節奏，像在唱歌一樣搖擺，這是一種喚醒大腦的祖傳智慧。

一九六〇年代美國正式展開左腦型和右腦型的相關研究。一九五〇年代中期，美國相信他們能夠展現尖端科學技術，站穩太空科技的領先地位，但蘇聯卻跌破眾人眼鏡，率先發射史普尼克號，自尊心受到打擊的美國，連忙設立國家緊急對策委員會，希望釐清落後蘇聯的原因，最後得出的結論是「缺乏想像力」，所以便以美國加州理工學院為中心，開始進行腦科學研究。

接著他們便發現，人類的腦分為左右兩個半球，左腦主管邏輯思考，右腦主管創意思考，同時也發現，即使利用手術把左右腦分開，它們還是可以發揮各自的功能，最後美國歸納出，他們就是在右腦的使用上輸給了蘇聯。

再深入了解左腦與右腦的功能，會知道左腦主管數理、推理、理論、計算方面的功能，而右腦則是直覺、觀察、創意等功能。

左腦型的人很理性、有計畫，行為很符合邏輯、很合理，所以是很會讀書、非常專心的類型，每件事情都錙銖必較、按部就班。相反地，右腦型的人則是以直覺下判斷，是屬於覺得事情好像應該是這樣就去執行，比較隨興、感性的類型。

但左腦與右腦並不是分開而是相互合作，語言表達的單字、文法由左腦主管，口氣和語調則由右腦掌管，所以如果任何一邊無法正常運作，那就會完全無法聽懂那個人在說什麼，這表示左右腦都很重要。

我們可以看看十九世紀德國化學家凱庫勒（Friedrich August Kekulé von Stradonitz）的例子。凱庫勒在研究苯的分子構造時，有天在睡夢中看見六條蛇互相咬著彼此的尾巴，不停轉著圈。他覺得很奇怪，醒來之後就想，該不會那就是苯的分子結構，於是他使用六個碳分子和六個氫原子來假設苯的分子結構，後來證實他的假設是正確的。

我們該怎麼解釋這種偶然？

科學家說這是右腦發揮了它的作用，我們有時候會遇到考試時解不開的問題，在走出教室後立刻想起答案的情況，這就是右腦的作用。

這樣看來只要右腦發達，似乎就可以解決很多問題，但事實上並非一定是這樣，彼此互補的左腦與右腦是很有彈性的。

因為以前的人不用到學校上課，不需要使用左腦，所以右腦特別發達，也因此比較容易有靈感或是預知的感覺，但近來我們開始會透過學校教育幫助左腦發展，所以右腦的功能就相對萎縮了。

如果我們在現實中遇到一個問題，會先用比較發達的大腦去思考解決方法，努力到最後仍解不開的話，就會把問題拋開並啟動右腦的功能。假設你有一道解不開的數學題，那不妨去散個步，因為當你穿上運動鞋要去散步的時候，就會啟動右腦功能幫助你想出答案。

人類的大腦會配合環境彈性改變，大腦由超過一千億個神經細胞交織而成的連結網路組成，會隨著刺激不斷改變，只要持續給大腦資訊刺激，就會產生新的突觸或神經網路來取代死去的細胞。

因為人類的大腦有可塑性（Brain Plasticity）。可塑性，指的是大腦會一輩子不斷改變的意思。很多人都會說「到了這個年紀幹嘛還學新的東西」，但可塑性會使人類不斷改變。

美國哈佛大學的教授，同時也是著名心理學家哈沃德．加德納曾提出多元智能理論，他認為人類社會除了讀書之外，還有很多其他有價值的智能，他認為不該用學校考試的成績來當做判斷智能的標準，若在生活中展現除了讀書的之外的其他能力，應該也能夠用來評價一個人的智能。

這個理論是告訴我們，除了讀書之外，也可能有體育天才、音樂天才等，不同的領域都可能有無數個天才。他主張有語言、邏輯數學、音樂、空間、身體運動、人際關係、自我理解、探索自然等八大智能與二分之一個宗教存在智能。

哈沃德．加納德的多元智能理論，是從對人類的理解開始發想，他贊成猶太人「要和別人不一樣」的教育哲學，猶太人尊重打破現有秩序或框架的思考方式，比起勝過別人，更希望自己的孩子與眾不同，這支持了多元智能理論研究。

TIPS

愛德華・德・波諾（Edward de Bono）的水平思考理論

左腦型的人適合從事科學家、研究員、發明家、物理學者、生命工學家、藥師、護理師、醫師、銀行家、稅務專家等職業，右腦型的人則適合擔任直覺敏銳的學者、藝術家、政治家、企業家、運動選手、藝人等。

企業經營者當中，左腦型的經營者或許可以管理好現在的事業，透過降低成本獲得良好成果，但右腦型的經營者卻能夠開創新事業，並讓整個新事業步上軌道。

不過以一般人的情況來看，我們很難判斷一個人究竟是屬於左腦型還是右腦型，非常左腦或非常右腦的人很少，大多數都是同時兼具左右兩腦的功能，差別只在哪一邊比較發達。心理學家愛德華・德・波諾更具體整理了左右腦理論，進而提出「水平思考理論」，左腦採用會順著理論脈絡移動的垂直式思考，而右腦則是使用跳脫理論架構的水平式思考，因此第四次工業革命時代的重點是創意，「並不是先天的才能，而是經過刻意訓練開發出來的能力」。

擅於分析思考的左腦人，在語言、數學、科學方面的能力較佳，讀書時也必要按照計畫表進行，但擅長直覺式、整合式思考的右腦人，則喜歡隨心所欲讀書、從事音樂、繪畫等創意領域。

不過並不是擅長數學或科學就一定是左腦人，左腦人也很有可能在小學時數學很好，但一升上高年級，遇到需要綜合思考的高難度應用問題就會開始慌張，反而是右腦人比較擅長解這種問題。所以數學家、科學家當中雖然有許多左腦人，但需要想像力的高級數學、物理學，反而有較多右腦型學者。

像阿基米德這樣的科學家，就是典型的極左腦人，畢卡索這樣的畫家則是典型的極右腦人。愛因斯坦或愛迪生等發明家，則是左右腦都非常發達，但左腦更加發達的相對左腦型，偉大的建築家高第則是相對右腦型。

而左右腦都非常發達的歷史人物，則是文藝復興時期的天才達文西，據說他左右腦都比一般人更發達，所以才會在數學、科學、醫學、建築、藝術等多元領域發揮自己的潛力。

找零

村子裡，有一個富有到無人能及的猶太人即將死亡，臨終前他連忙要兒子「去把最有名的拉比叫來」，於是兒子便差人去請最有名的拉比來到家中，聽到拉比很快就會來的消息之後，他便安心地問兒子：「請那位拉比為我禱告，我就可以上天堂吧？」

「這是當然的，爸，他是位很有名的拉比，您一定可以上天堂。」

「但我們該給那位拉比多少錢？」

「我想應該要給他一萬美元吧。」

於是父親喘著氣對兒子說：「不行，再去找一位願意拿一萬美元為我禱告的知名的天主教神父來吧，如果拉比的禱告太弱，讓我沒辦法上天堂的話，那我至少也得上天主教的天堂。」

於是兒子便急忙也把天主教的神父請來。聽到天主教神父很快就會抵達，父親還是沒辦法放心，便又對兒子說：「但我還是不放心，再去找一位願意以一萬美元為我禱告的知名基督教牧師來，請他們三個人幫我禱告，我至少可以上其中一個天堂。」

於是猶太教的拉比、天主教的神父、基督教的牧師便一起為這位父親禱告，安詳地看著這副景象的父親，突然說：「拉比、神父、牧師，除了給你們的三萬美元之外，我會將所有的財產留給我兒子，但要上天堂，是不是需要一些盤纏？那就請三位從自己獲得的一萬美元禱告費用中，各拿出兩千美元放到我的棺木中吧。」

三個人都答應了這個請求。看到他們都答應之後，父親便安詳地閉上眼。

葬禮當天，天主教神父依約放了兩千元在棺木中，基督教牧師同樣也放了兩千元到棺木中，接著輪到拉比。

拉比一臉嚴肅地從口袋裡掏出一張支票寫上六千元，將支票放入棺木中之後，撿起裡頭的四千元當作找零。

鳥死時會發出最悲傷的啼叫聲，人死時則會留下最美好的話語。放下能夠幫助我們領悟，如同在美好的一天結束時，能夠幸福的入睡一樣，度過美好的一生之後，我們就能夠迎接幸福的死亡。

孩子，你怎麼想？

父母與孩子，要以對等的高度互相問答

猶太人最常對孩子說的就是：「你怎麼想？」這也可以解釋成：「你有什麼想法」、「你怎麼看這件事」。猶太父母從小就會問子女「你怎麼想」，也會用「你怎麼想」來回答他們的問題。

猶太人的「你怎麼想」，並不是父母單方面的提問，而是站在對等的立場，詢問孩子的想法與意見，孩子也會在可以盡情向父母提問的輕鬆氛圍下，分享自己的意見。

不過我們認為的「你怎麼想」和猶太人觀念中的「你怎麼想」，是有一段差距的。

我們的親子對話，通常都是由父母單方面提問，孩子放學回家後，總是會和父母有這樣的對話：

「放學啦？」

「對！」

「有去補習班嗎？」

「有！」

「吃飯了嗎？」

「吃了！」

「會餓嗎？」

「會！／不會！」

對話的方式主要都是父母單方面提問，但我們的孩子原本並不是這麼不愛說話的人，小時候總會用無數的問題來煩爸媽，越大反而越不愛開口。

無論在家或是學校，孩子很少聽到「不會也沒關係、錯了也沒關係，人不可能每件事都做得好，爸爸媽媽會在你後面看著你」，反而是經常接收到「安靜點、吵死了、不要吵」的責備三連發。

於是他們也開始不習慣說出自己的想法，年紀越小的孩子越會提出很有創意的問題，像是：「天空為什麼這麼藍」、「天上可能有游泳池吧」、「上帝可能也會游泳吧」等荒誕不經的問題，並且要求父母回答。

這時候父母如果沒有無視孩子的問題，而是以正面的態度來回應，就能夠提升孩子的自信與創意，在尊重與讚賞下長大的孩子，會以正面的態度看待自己，並且很有自信。

但現實生活中，包容、傾聽孩子這些天馬行空的問題並與他們對話，需要相當的耐心，所以猶太人在選老師的時候，都不會採用個性急躁的人，因為教學這件事情，最重要的就是耐心。

塔木德說：「沒有耐心的人，無法成為教導他人的老師，」也就表示在教育孩子這件事上，父母最在乎的是老師的耐心。猶太人相信邏輯思考的基礎，正是以對話為主的教育，他們會耐心解釋、對話，直到孩子真正融會貫通，猶太父母不會直接說出對錯，不會採用填鴨式的教育方法，他們會跟孩子一起去找出為什麼正確、為什麼會錯，也因此需要耐心和長時間的對話。

美國前總統約翰·甘迺迪就是發揮了他出色的口才實力，進而當選美國總統的。（按，一九六〇年美國首度舉行總統候選人的現場電視辯論會，甘迺迪大勝對手尼克森。）

而在他背後實踐「你怎麼想」這個教育理念的人，正是羅斯女士。甘迺迪總統的母親羅斯女士說：「這世界的命運，是由把自己的想法傳達給別人的人來決定，」從小便對子女實施討論式教育。

羅斯女士會把新聞報導貼在顯眼的地方，當做早餐時的討論資料，並不斷問兒子「你怎麼想？」甘迺迪回憶，只要不讀紐約時報，就無法應付父母親尖銳的問題，那麼就無法坐到餐桌上吃飯。

就是在這樣的訓練之下，甘迺迪才能夠在電視辯論與總統大選上，勝過尼克森。

朝鮮的世宗大王也總是把「卿，你怎麼看」這句話掛在嘴邊。當年的黃喜丞相及眾多大臣，都願意勤於國事，背後的最大力量，就是世宗大王的那句「卿，你怎麼想」。

我們通常會問孩子「兩顆蘋果加三顆蘋果會是幾顆？」如果孩子回答「五顆」，父母的反應就會是「答對了」，這是因為我們的上課方式，就是要求孩子找出正確答案，但猶太父母則是會更進一步，反問孩子「你為什麼覺得是五顆？」

這對話方式的小小改變，卻會帶來很大的差異，「你為什麼會這樣想」這句話，會讓孩子去思考自己說的話和行為，即使錯了也還是要問他們「你為什麼會這樣想」，了解他們這樣回答的原因，猶太人之所以能夠成功，就是源自於培養想像力與探究能力的「為什麼」。

猶太父母在養育孩子的時候，會特別注意語言教育，從小聽「你怎麼想」長大的猶太人，逐漸在輿論與法學界嶄露頭角。

美國的無線電視台ＡＢＣ、ＮＢＣ、ＣＢＳ全都是由猶太人創立，喜劇界也有超過百分之八十是猶太人，主要的報社也都由猶太人掌控，包括〈華盛頓郵報〉、〈新聞周刊〉等在內的美國主要電視台，也都是猶太人擁有。

一九九九年美國國內的律師共有七十四萬人，其中百分之十六是猶太人，美國主要企業與輿論媒體，大多都和猶太人有關，這就是「你怎麼想」的威力。

TIPS

收斂式提問與擴散式提問

如果說世事只有一個答案是種封閉式的思考，那麼在開放性思考的想像、創意世界當中，就會存在著好幾個答案，不，其實也可能沒有答案。這其實是希望身為父母的我們，可以培養孩子的多元思考能力，開啟他們無限的可能性，像是設計，這哪有什麼正確答案呢？

提出有好幾個答案，或是根本沒有正確答案的問題，有助於幫助孩子發展他們的想像力。在教育學中，只有一個正確答案的問題稱為收斂式提問，沒有正確正確答案的開放式問題，就叫做擴散式提問。收斂式提問通常問的是過去的經歷、片段的知識，但擴散式提問則是問未來的可能性，我們必須多對孩子提出擴散式提問，而不是收斂式提問。

收斂式提問	擴散式提問
■ 有乖乖聽老師的話嗎？ 〈有、沒有〉 ■ 有遲到嗎？ 〈有、沒有〉 ■ 你喜歡隔壁的新同學嗎？ 〈喜歡、不喜歡〉 ■ 做作業了嗎？ 〈做了、還沒〉	■ 不覺得幫娃娃穿上粉紅色衣服比較美嗎？ ■ 把汽水和可樂混在一起，會是什麼味道呢？我們要不要來試試看？ ■ 水真的會在一百度時沸騰嗎？我們要不要來試試看？ ■ 下雨的時候為什麼樹枝會晃動呢？是因為下雨了，它很開心所以才這樣嗎？ ■ 雞怎麼會知道什麼時候天亮、什麼時候要叫呢？ ■ 結婚時新娘為什麼要穿白色的婚紗呢？

我們在閱讀文學作品的時候，會一邊想像主角的樣貌、個性，以其他所處的情況，書裡面有另外一個不存在於這個世界的全新世界，而這樣的記憶累積起來，就會成為想像力的泉源。

這裡有一棵樹，如果只把它當成樹，那便沒有想像力可以發揮的空間。從樹葉因風雨而搖曳的樣子感受到生命力、感受到有人曾在樹蔭下休息的痕跡，就是想像力的開始。

法國哲學家巴舍拉（Gaston Bachelard）是這樣定義想像力的：

「所謂的想像力，就是形塑形象的能力，不是固定的形象，而是能夠描繪出可自由變形的形象，而這正是讓我們不再被困在這個世界，能夠在其他的世界裡解放自我的力量。」

我們在日常生活中接觸到的事物，幾乎都是已經認識的事物，就像「這是鉛筆，是用來寫字的」一樣，我們對事物的認知已經固定，而想像力可以打破這已經固定的想法。

猶太餐桌上提升成績的秘密

哈佛大學驗證的餐桌教育效果

一九八〇年代，美國非常擔心低所得家庭孩子的學業成績。這是因為家境在中產階級以上的孩子學業成就很高，高中輟學的比例也較低，但低所得家庭的孩子學業成績相對較差，高中輟學的比例也較高。

有人認為經濟條件會對學業成績造成影響，於是哈佛大學的研究團隊，便選出了八十五戶居住在美國波士頓，家中有三歲子女的低所得家庭。然後針對他們在家庭與幼稚園分享的日常對話進行錄音，時間為期兩年。

因為他們認為玩具、和父母一起讀了哪些書，會對學業造成影響，所以便提供了一模一樣的書和玩具給所有的小孩。

然後設置錄音機，完完整整地把在相同的情況下，發生了那些事情、這些事情如何對學業造成影響錄了下來。哈佛大學研究團隊推測，低所得家庭的孩子教育環境不好，和父母待在一起的時間不夠多，所以學業成績才會比較差，但研究結果卻十分令人意外。

他們發現孩子的語言能力不受父母的所得水準、教具或玩具的影響，而是和家庭一起用餐的次數、進行良性對話機會有關。也就是說，即使學習環境較差，較常和父母一起吃飯的孩子，也有機會超越學習環境較佳的孩子。

哈佛大學研究團隊獲得這個超乎預期的結果之後，除了和父母一起讀書、玩玩具等活動之外，也開始關注家庭用餐的地點。

當時他們沒有想到全家人在餐桌上的對話，不僅是強化家庭連結的方法，更會對提升學習效果、發展語言能力帶來巨大的影響，他們認為父母必須為了孩子的學習撥出時間，一起從事讀書、透過教具學習等知識性活動，但錄下來的內容，卻帶來完全不同的結果。這個研究證明，經常和全家人一起吃飯、經常在餐桌上聊天的孩子，學會的詞彙比父母會讀書給他聽的孩子更多，語言能力也比較強，學習成就也比較顯著。

以這個研究為契機，美國了解到全家一起用餐的重要性，便將九月第四個星期一定為「家庭用餐日」，然後也針對家庭用餐與學業成就、孩子的品行涵養等進行許多相關研究。

不僅是美國曾做過家庭用餐與學業成就的研究，韓國也曾經實施類似的研究。當時是以全國一百多所國中、高中全校第一名的學生為對象，進行與家庭用餐相關的問卷調查。

結果顯示有百分之四十的學生，一週會跟家人一起用餐超過十次，這個例子告訴我們，餐桌教育確實可以把學習效果極大化。

而貫徹餐桌教育的民族就是猶太人。大家都知道，他們的安息日晚餐就是家庭用餐的代名詞，每週五開始的安息日，對猶太人來說是非常特別的時間。

在希伯來文當中 Sabbath 代表「休息、停止工作、把手邊的事情停下來」的意思，上帝用了六天的時間創造天地萬物，第七天他便停下了手上的工作來休息，終於完成了天地萬物的創造。

因此猶太人也跟隨上帝的旨意，決定在第七天停下所有的事情好好休息，於是有了安息日，週五下午三點左右，猶太父親大多會早早下班去準備安息日。猶太人的安息日規定很嚴謹，像是必須把家中打掃乾淨、要把身體清潔乾淨，要製作安息日吃的麵包等等，安息日時家裡不會開伙，所以必須先準備好兩天份的食物。

安息日期間，大部分的工作與勞動都會停止，遠方的親戚也會齊聚一堂，家人會換上最好的衣服，一起唱歌、禱告。

父親會將辮子麵包分給每一位家人，以此揭開安息日的序幕，晚餐時間到就寢之前，全家人會不斷對話聊天，這天不能有任何外務，必須專心和家人相處，要整天看著彼此的臉，不斷和家人說話。

一星期相聚一次的安息日，全家人會在舒適的氛圍裡休息，孩子也會對父母傾吐自己的心事和煩惱，爸爸會照顧孩子的課業，也會分享妥拉與塔木德的內容。

全家人一起分享美味的食物，一邊聊天一邊用餐直到深夜。人在吃東西的時候，會分泌一種叫催產素的荷爾蒙，會使人感到幸福。人體會分泌許多荷爾蒙，其中催產素可以幫助親子關係更加緊密。催產素其實也是一種「加速分娩」的荷爾蒙，當母親與孩子感覺幸福時，就會分泌催產素。肢體接觸可以幫助我們的身體分泌催產素，所以又稱為「擁抱荷爾蒙」，若媽媽在孩子哭的時候抱抱孩子，他們很快就會安靜下來，這就是催產素的威力。

而能幫助催產素大量分泌的，正是和家人團聚的用餐時間，當我們感受到愛、和家人一起坐在餐桌邊，感受到支持、情緒上的親密感時，就會大量分泌催產素。

和家人在一起的幸福用餐時光，並不只是單純的攝取飲食而已，更是幫助幸福荷爾蒙催產素分泌的時間。

哈佛大學在進行低所得家庭學生的學業成就研究時，在那些錄音檔案裡發現的奇特之處，就是孩子們在用餐時間分享的解說式對話，解說式對話不僅要為單字定義，更要學會使用相關單字和表達方式。

如果孩子想要告訴爸爸在遊樂場發生的事情，那就要使用到很多表達方式，因為想要讓爸爸聽懂在遊樂場發生的事情，那就必須講得很仔細。

還有，因為爸爸不在遊樂場，所以如果爸爸對某些事情感到好奇，那孩子就必須慢慢回答爸爸的問題，這樣一來會讓孩子更有邏輯地思考，並會在經過思考之後才把話說出口。

這種說明式對話，可以幫助孩子為當下的狀況做定義，並培養他們說明整件事情脈絡的能力，這樣不僅可以增加詞彙量，更能夠提升學業成就。

而透過用餐時間父母之間的日常對話，可以不斷刺激孩子的聽力，陌生的單字就會引發他們的好奇心，孩子會透過推理和想像，自己為那個陌生的單字定義，進而將這個單字內化，對口語能力帶來影響，藉著用餐時間的說明式對話，孩子可以學到他們需要的所有能力。

猶太人的安息日晚餐，便是全家人聚在一起彼此稱讚、支持、鼓勵，這是值得我們關注的部分。

如果猶太父母想要責備子女，他們會另外找一個時間，小聲地勸戒孩子。不會選擇全家人聚在一起，坐在餐桌邊吃飯的時候解決，那也不是傾吐不滿的場合。隨著核心家庭越來越多，全家人一起吃飯的時間也越來越少，餐桌的重要性漸漸流失，當全家人聚在一起吃飯的時候，爸爸絕對不能指責孩子考試成績退步、太晚回家。

即使是為了子女的學業也好，家庭用餐時間就應該是全家人一起坐在餐桌邊吃美食、鼓勵子女、感激父母的時光才對。我們必須讓用餐時間，變成是幫助催產素分泌的時間。

TIPS

歐巴馬總統的家庭用餐時間

美國前總統歐巴馬即使行程十分忙碌，依然會記得要跟家人一起用餐，尤其是晚餐，無論如何他都會排除萬難參加。

歐巴馬之所以看重全家人一起用餐的時間，是受到他母親的影響。歐巴馬的母親是單親媽媽，也是一位同時在攻讀學位的職業婦女，含辛茹苦把歐巴馬養大。總是十分忙碌的她，會在每天清晨把早餐帶到床邊，安撫剛起床的兒子，一邊聽兒子說話、一邊跟他一起寫作業。

因為她必須出門上班，所以只能把早餐時間提前，和兒子一起吃飯、聊天。清晨和媽媽一起吃早餐這件事，讓歐巴馬學到母親那刻意撥出時間來，跟兒子共進早餐、聊天的熱情。身為全球領袖，歐巴馬雖然很難撥出多餘的時間，但仍然記得要和家人一起吃晚餐，這給我們帶來很大的啟示。

提升自信的哈柏露塔讀書教育

聆聽對方的意見再闡述個人想法便是哈柏露塔

猶太人連在安息日也會繼續讀書。安息日通常都是在閱讀妥拉與塔木德當中度過。妥拉與塔木德當中，不僅記錄猶太人的傳統風俗與安息日故事、結束埃及奴隸生活並逃出埃及的事情，更有參孫與大利拉、大衛王與所羅門王等有趣的故事。

妥拉與塔木德是猶太兒童的經典童話故事，更是幫助他們拓展思考深度的古書，猶太兒童禱告的時候，雖然都只是背誦並重複妥拉與塔木德的內容，但他們總是覺得這些內容十分有趣，每次閱讀的時候，都能理解得更多，問題與討論也會更有深度。

讀完妥拉與塔木德之後，他們會以對等的姿態，向大人發表自己對塔木德的想法，並展開一段熱烈的討論與爭辯。

韓國的孩子也很喜歡讀書，但讀完書之後問他們有什麼感覺，他們總是會異口同聲地回答「很有趣」，問他們「哪個部分有趣」，很多孩子都會回答「就是有趣」。如果在讀完書之後問他們書的內容，或是要他們寫心得，他們就會突然沉默下來，要是要他們寫感想，他們就會更不願意開口。

為什麼會這樣？為什麼韓國的孩子開心地讀完書之後，要他們說出感覺或是內容，反而會讓他們感覺有壓力呢？讀完書之後，為什麼會沉默不語呢？明明是要他們說自己的想法，但孩子們為什麼會無話可說、猶豫不決？

這是因為他們認為讀書不是有趣的溝通，而是一種考試，這樣一來他們就會越來越不喜歡讀書，韓國的孩子通常覺得讀完書之後都要接受評量，有時候父母會因為太過貪心，而要孩子讀過於困難的書，孩子會因此沒有辦法理解書的內容，反而會開始覺得讀書很困難，進而越來越不愛讀書，會有誰想要讀那種讓自己越來越沒自信的書？哈柏露塔讀書法，就是一種可以幫助孩子提升自信，並且跟父母一起討論書籍內容的好方法。

哈柏露塔通常是會和父母、伙伴一起讀一句話、一個段落，如果是低學年的學生，就大聲重複讀一句話，因為大聲把內容唸出來，可以幫助提升專注力。這時候最好能用手指指著自己正在唸的內容，或是運用其他的感官一起讀書，像是搭配肢體動作等等，這些對了解書的內容會很有幫助。

書讀完之後，就規劃大約十個和書籍內容有關的問題，問題可以很多元，像是幫助孩子了解內容的問題，同時可以配合教育原則的「誰、什麼時候、在哪裡、做了什麼」等，設計讓孩子可以簡短回答的問題。像是「是什麼時候發生的事、在哪裡發生的事、主角住在哪裡」等。

此外，還有幫助發揮創意的問題，像是問「為什麼」跟「怎麼做」的問題，舉例來說像是「為什麼會那樣」、「是怎麼做到的」、「如果你是……的話」、「如果做了……的話」等，設計這類可以幫助推測或想像的問題。

也可以設計類似「如果你是主角的話會怎麼做」、「你能夠做什麼事」等，把自己代入故事情境的題目，或是跟啟示、價值觀、可學習之處等有關的問題。

設計完問題之後，就要跟孩子一起討論問題，雙方要分享彼此的想法，如果可以針對書的內容分享自己的看法，那孩子很自然會在讀完書之後，說出自己的感覺、領悟。在跟夥伴一起設計問題、相互比較、詢問的交流時間當中，會需要傾聽的技巧，在聽對方把話說完、互相提問的過程中，孩子會了解到如果想問問題，就必須聽完對方說的話。

首先，一個人說出自己的意見，另外一個人專注地聽完他的意見之後提問，不專注就沒辦法問問題。聽完對方的意見之後就會提問，這樣的提問是想要反駁對方的意見，如果不同意對方的意見，那就要舉出有邏輯的論述來反駁、提問。

即使和伙伴的意見一致，也應該要問對方為什麼會有這種想法，即使意見一致，背後的想法也可能不一樣，在這種互相提問的過程中，可以幫助孩子把自己的意見去蕪存菁。

藉著反駁、以邏輯理論證明自己說的話，孩子自然會練習到傾聽對方說的話、說話邏輯等技巧。猶太兒童認為討論與爭辯是一種娛樂，他們的目的不是要找出正確答案，而是享受透過討論與爭辯，讓自己的想法更加精確的過程。當然，偶爾在跟夥伴討論時，很可能會因為彼此立場不同而發生衝突，遇到這樣的情況，就應該要理性判斷、理解。哈柏露塔是一種懂得為他人著想的溝通方式，所以爭論導致的衝突自然就會迎刃而解。

偶爾在進行哈柏露塔的時候，會覺得對話與溝通的過程很吵鬧，但如果是經常和伙伴互相提問，那就表示他們進行得很順利。持續不斷且真摯的討論，就是我們所期待的結果，我們已經透過學習效率金字塔，得知語言說明學習法可以提升百分之九十的學習效率。

猶太父母會透過很多不同的方法來指導孩子讀書，不僅會讀書給腹中的胎兒聽，甚至會利用孩子入睡的時候讀書給他們聽。

如果是面對還不識字的小孩，那就需要讓自己讀書的聲音更加生動，父母講述這些有趣的故事，可以培養孩子的想像力與創意，有時候童話只能讀一半，因為剩下的那一半要讓他們自己帶著好奇心，試著去想像後面的發展，因為像是「王子為什麼會跟公主結婚」這類問題，可以大幅提升讀書的效果。

讀書的時候最好不要花太長的時間，大約十至十五分鐘左右最為恰當，這樣不會讓孩子感到厭倦，同時也可以提出許多與故事相關的問題幫助孩子思考，故事帶來的啟示不該由父母說出來，而是該由孩子自己說出來。

藉著讀書和孩子交流的時候，父母或老師不該直接給出答案，而是要給予相關的提示，或是藉著回答孩子的問題，來提升孩子的思考能力，藉著圖書尊重孩子、與孩子交流意見，就是提升他們自信心的方法之一。

藉著讀書進行哈柏露塔的同時，自然會經歷到挑戰他人意見、加強思考能力的過程，但只要經歷過幾次之後，很快就會熟悉哈柏露塔這套方法。重要的並不是找出正確答案，而是當兩個人在爭論贊成還是反對書籍內容時，就會需要提出問題、反駁，甚至是提出論述。

對持續接受填鴨式教育的孩子來說，要想出一個問題可能會很困難，但為了熟悉哈柏露塔，就一定要多練習提問。

因為哈柏露塔的重點就在於提問，讀完書之後若以問題為主進行討論，那不僅能幫助訓練孩子更深入閱讀書籍的內容，更能讓他們輕鬆整理出自己的意見或感想。

以色列學生會拿著三色筆去上課，老師的說明用黑色、重要的部份用紅色畫底線，不理解的部分或想問的內容，就用黃色做筆記。

一小時的課程快要結束時，大約會有三到四個想問的問題，而他們也會事先預習隔天的內容，並且從中找出二到三個「要問的問題」，把這些問題蒐集起來，就會變成一本很厲害的提問筆記，光是看他們一個星期的提問筆記，就能夠學到很多東西。

成人的讀書方法大致可分為兩種：一種是盡可能把書本內容記下來的海綿學習法，另一種則是有如從沙中淘金一般，只努力把重點記住的淘金式學習法，如果說海綿學習法是什麼都背下來就對了，那麼淘金學習法就是藉著不停提問來讀書的技巧。

像是在歷史課學新羅統一三國的這段歷史時，帶著「新羅原本是韓半島最落後的國家，他們能夠統一三國的根本原因是什麼？軍事能力？花郎徒制度？外交能力？國際情勢？以佛教為國教？」這樣的問題去上課、學習的話，就屬於淘金學習法。

若以海綿學習法來讀書，可能會因為客觀事實與作者的主張相違背而被混淆，而假使硬逼自己背下來，久了之後書上的內容就會變成像是自己真正的想法一樣，所以如果能帶著像下面這些問題去讀書，反而會比較有效：

- 這個內容是客觀的事實，還是作者的個人主張？
- 這個單元的重點是什麼？
- 他為什麼會這樣主張？
- 他的主張是否有根據？他的說法是否夠明確？
- 有沒有缺漏的資訊？
- 引用的統計數據會不會有錯？

抱持著懷疑去讀書，讀者就不會想要努力記住所有的內容，只會記得重要的幾點，而且會把事實和作者的主張分開來看，這樣一來也不會全盤接受作者的主張，而是可能會在讀書的過程中，產生與作者不同的意見。

這樣看下來，會覺得我好像在說我們不應該採用海綿讀書法，但事實並非如此。藉著讀書學習知識，會成為多元思考的基礎，因為要累積夠多的知識，才有可能進行批判性思考。

透過提問來讀書可以達到一定程度的訓練，進而提升讀書的效率。因為在經過這樣的訓練之後，只要看特定的接語詞，就可以很快地掌握作者的主張是什麼。

請看看下面這些詞句：

- 因此（consequently）
- 於是（hence, therefore）
- 事實上（in fact）
- 簡單來說（in short）
- 可以知道（indicates that）
- 明顯（clear）
- 從結論來看（in conclusion）

只要看到這些接語詞，我們很快可以知道後面的句子就是作者的想法。

TIPS

用哈柏露塔閱讀兒童故事《興夫與諾夫》

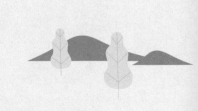

■第一階段：讀書、設計問題

先和伙伴一起輪流大聲讀興夫與諾夫的故事，並準備要問的問題。只要經過設計問題的訓練，孩子就可以運用自己的想像力，創造出很多問題。設計問題要先讀完書，然後再依照下面這樣的順序來進行：

①以確認故事內容為主的問題，像是詢問單字的意思、句子的描述方式等。

②以深入想像為主的問題，像是感覺、比較、推測等跟想像有關的問題。

③將自己代入的問題，像是如果是我會怎麼做、我會怎麼實踐等。

④綜合問題，像是價值觀、啟示等相關問題。

問題範例：

①鐵鍋是什麼意思？（內容問題）
②為什麼諾夫會變得這麼貪心？（想像問題）
③為什麼興夫的太太，會要興夫到哥哥家裡去拿點米回來呢？（想像問題）
④被大嫂用飯匙打巴掌的時候，興夫會有什麼感覺呢？（想像問題）
⑤他們兄弟原本感情就這麼不好嗎？（想像問題）
⑥如果我是興夫，我會怎麼做？（代入問題）
⑦這個故事帶給我們什麼啟示？（綜合問題）

■第二階段：和伙伴一起互相提問

如果能和伙伴互相提問，那孩子在讀完書之後，就能很快說出自己的意見，這也是一種可以提升自信的讀後活動。透過互相提問，可以不必用傳統懲惡揚善的方式，來理解興夫與諾夫的故事，而是能從現代的觀點去詮釋故事的意涵。

舉例來說，像是興夫為了拯救自己家人，必須要更加努力、諾夫討厭貧窮的弟弟、興夫的太太應該要打興夫巴掌，這樣才能夠幫助他振作、負責照顧家人的諾夫更有智慧等等。

或者是諾夫應該和弟弟相親相愛、興夫的媽媽在天上看到應該會很難過、如果我是興夫，就絕對不會再到哥哥家去，會努力過好生活來報復哥哥等等。

透過互相提問，就可以刺激類似這樣的多元意見交流。

培養創意想法的塔木德式提問法

找出與眾不同的個性，讓所有人成為勝利者

提出別人沒有發現的多元新事物就叫做創意，所謂的創意並不是前所未有的新穎，而是源自於個人才能、與眾不同的想像。創意並不是在學校認真讀書就能培養出來的，這是讓孩子從小在提問與討論的樂趣中，培養創意思考能力的教育成果。

提問需要經過訓練。就像在學游泳的時候，都要先學換氣的方法一樣，提問的方法也需要經過訓練。為了提出好問題，首先要懂得傾聽別人說話，雖然我們一般都認為擅長說話的人就擅長問問題，但其實擅長傾聽的人更會問問題。

這世界上最會問問題的脫口秀女王歐普拉，在一個小時的脫口秀裡面，說話的時間大約只有十分鐘而已，她會用百分之八十的時間傾聽，再用百分之二十的時間說話，因為唯有認真聽對方說話，才能夠配合當下的氣氛，問出最有效的問題。

剩下的時間她都是用點頭或是眼神，來表達對受邀來賓的理解，中途會丟幾個問題，讓大家知道她聽對方的故事聽得津津有味，所以對方也會更認真回應。熟悉了提問方法之後，就可以不再只是單方面獲得知識，而是能夠進行深度的對話與討論。未來教育的答案，就在提問與創意。

這個世界即將迎接第四次工業革命，即將展開新文化復興。人工智慧與機器人技術、生物科技、情報通訊的結合與合作，將會是第四次工業革命的核心，未來的人才需要的能力，是能夠結合機器與機器、機器與人類的能力。

未來我們會需要了解人類、配合狀況隨時提問，維持良好人際關係的能力。

機器沒辦法取代人類的地方，就在創意與感性。

所謂的創意是從理解對方開始，為了正確認識自己，我們必須要先對自己提問：「我喜歡什麼？我是誰？我真正擅長的是什麼？為了找出我的能力，我要用什麼方法？」

我們必須不斷問自己這些問題，並透過這些問題檢視自己，答案就藏在問題當中，而創意也就會從這裡萌芽。

猶太父母會教導孩子提問的方法，一般父母會在孩子去學校的時候，叮嚀孩子說「要好好聽老師的話」，而猶太父母則是叮嚀孩子「要多問問題」，放學回家之後，猶太父母還會再問孩子今天問了哪些問題，這種從小培養不斷使用「為什麼」來問問題的習慣，是提升創意力的最佳方法。

猶太父母幾乎不會問孩子只有一個正確答案的問題，而是會問需要他們說明解釋的問題，當孩子問問題時，他們也不會輕易給出正確答案，而是會三番兩次丟出一些相關的問題，幫助孩子自己找出答案，而這就是蘇格拉底使用的反詰法。

猶太人會訓練自己的孩子，只要不違反規定，那就可以自由提出各種想法、做出各種行為。猶太節日中有一個叫做「普珥節」的節日，是用來紀念拯救猶太民族免於滅亡的王后「以斯帖」。這天孩子們會穿上各式各樣的衣服，在街上四處走動，用韓國的節日來比喻大概就像是中秋節。

有趣的事情是，這天穿的衣服並不是在市面上買的，而是由孩子們設計，再由奶奶或媽媽來親自縫製。

這天，孩子們會穿著蝴蝶、蜻蜓、螞蟻、蜘蛛造型等各式各樣的禮服到街上，孩子要求的服裝越奇特，媽媽就越開心，因為這就是孩子的想像力非常發達的證明。

猶太人的塔木德提問法，就是超越界線，從問題裡面的問題再找出其他的問題，就這樣不斷延伸下去，並從中發現全新的事物。從這點來看，猶太人的塔木德式提問教育，具有很大的意義。

猶太父母在決定孩子的未來時，會考慮兩個因素：

1. 幫孩子找沒有人走過的路。

2. 讓孩子去做他們想做的事，或是最擅長的事。

猶太父母不會教孩子要「比別人更優秀、超越別人」，而是教導孩子無論做什麼，都要與眾不同，他們不會要求孩子為了提升在校成績而努力，而是會教孩子要做點跟別人不一樣的事，去做那些沒人做過的事情，就代表自己很快可以在那個領域成為第一。

在只計較成績優劣的學校教育體系中，只有少數人可以獲勝，但如果能找出每一位學生各自的特色，那麼就可以讓所有人都成為勝利者，這樣一來人們就能分享彼此的優勢。

所以無論做什麼，他們都會要孩子找出自己有興趣的領域，並要孩子去做沒人嘗試過的事情，因為那是最有可能成功的選擇，也能夠對社會做出更多貢獻。

以色列前駐韓大使出版的著作《IQ100的天才，IQ150的傻瓜》當中，就曾經比較以色列與韓國的教育。他毫不留情地說，在以色列智商一百的平凡孩子也可以被養成天才，但韓國教育卻會把智商一百五十的天才變成傻瓜。

TIPS

猶太人的批判思考與討論

猶太人會以批判性思考去看待所有事情，即使是面對地位比自己更高的人，他們也會毫不猶豫地批判。

當上帝要摩西把猶太人帶出埃及的時候，摩西說：「誰會相信我跟著我走呢？我辦不到。」但上帝說：「我給了人類一張嘴，再把我自己給了你，所以你就去說服大家吧。」摩西卻說：「我完全沒辦法說服猶太人」，他沒有輕易接受上帝的話，於是他們爭論了七天。

包括摩西在內的所有猶太人都認為，若就這樣接受別人說的話，那就表示你沒有在思考，所以他們不會相信掌權者所說的話，而且會努力挑戰權威。無條件聽從的韓國人會以「這是醫生說的、這是大學教授說的」為藉口，但猶太人不同，他們總是會問「為什麼」，透過批判性思考與討論來加深自己的理解，也就是說，他們會在冷靜了解一切之後，從多元觀點進行批判討論，從中獲得屬於自己的標準，並把這個標準當成是生活的準則。

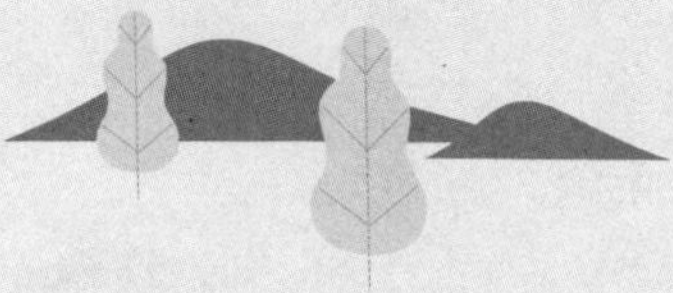

將世界上所有的事物當做討論的對象

對猶太人來說，討論與爭辯就是一種娛樂、一種遊戲

不會對日常生活造成太大困擾的常識，我們並不會認為應該去深究。教導小孩面對大人時行為舉止必須有禮貌，因為這是我們認為理所當然的事，大家都應該這麼做。

偶爾遇到會問：「為什麼？為什麼一定要對大人有禮貌？」的小孩，我們就會回答「這是當然的啊」，同時也會覺得這孩子「很麻煩」。

但猶太人卻會很理所當然地問「為什麼一定要對大人有禮貌？」

即使是理所當然的事，或可能會讓對方尷尬的問題，他們仍照問不誤，這時猶太父母便會耐心、真誠地回答，或是用另外一個問題反問他們。

即使是小事，猶太父母也希望孩子能夠抱持著懷疑的態度提問，因為他們覺得這能夠幫助孩子思考，因為他們重視提問的習慣，所以會積極鼓勵子女問問題。

他們認為討論與爭辯是一種娛樂，也是一種遊戲，才會經常針對塔木德裡的一、兩句話討論一整天，或是拿沒有正確答案的主題來進行激烈爭辯。這樣的討論並不是為了找出正確答案，而是因為討論這件事本身是一種娛樂，也是一種愉快的遊戲。

猶太人雖然過著相信神、遵守律法的生活，但他們並不會盲目相信神的存在，他們會對一切事物抱持懷疑的態度，他們甚至會拿神是否真的存在這件事來討論。相較之下韓國人要是懷疑上帝或佛祖是否真的存在，那就會被人質疑信仰不夠虔誠。我們認為堅定不移地相信，才是真正堅定信仰的行為。

猶太人的討論習慣，造就了今日的他們，猶太人若在日常生活中看見蚯蚓或小飛蚊，不會視而不見，反而會展開一場討論。

- 蚯蚓都吃什麼呢？
- 蚯蚓會咬人嗎？那小飛蚊會咬人嗎？
- 蚯蚓會對人類有害嗎？還是對人有幫助呢？
- 蚯蚓跟小飛蚊打架誰會贏呢？
- 殺掉蚯蚓跟小飛蚊，神會怎麼斥責我們呢？還是會懲罰我們呢？
- 蚯蚓和小飛蚊如果會聊天，那他們會說什麼？
- 人有辦法像小飛蚊一樣飛嗎？
- 有沒有生物會像小飛蚊和蚊子那樣飛？
- 如果有這樣的飛行生物，那會是什麼？

就連這些日常生活中的瑣事，猶太人也會抱持著疑問去想「為什麼會這樣？理由是什麼？會有什麼影響？神會有什麼反應？」藉著這類的發想鍛鍊討論、思考能力。猶太人可以拿一句塔木德裡的話討論上一整天，對他們來說塔木德不是用來背誦，而是拿來思考、討論，他們以邏輯為依據，理性說明自己為什麼這樣想、是否同意對方的想法、為什麼不同意等等，他們喜歡針對一個論點提出許多意見、展開討論。

猶太人不會直接接受原本的答案，即使他們要選擇原本的正確答案，但他們也會認為討論這件事情本身很有意義，所以他們會在激烈的爭辯之後，找出有邏輯的根據，並找出屬於自己的正確答案。

猶太人的塔木德討論通常沒有正確答案，他們在閱讀妥拉與塔木德時，會抱著懷疑去看待每一句話，並且帶著批判的觀點仔細地閱讀，他們會針對〈創世記〉當中的「上帝說：『要有光』；就有了光。」這句話，不斷提問、不斷討論。

♥ 光指的是什麼？

♥ 為什麼上帝會說要有光？

♥ 為什麼要用說的？說話有這麼重要嗎？

♥ 是為了讓我們領悟說話的重要性，所以才刻意用說的嗎？

♥ 為什麼不說要有黑暗呢？

♥ 黑暗也是因為上帝說的話而存在的嗎？

♥ 既然說要有光，那如果祂說要有黑暗的話會怎麼樣呢？

♥ 光與暗真的能夠區分嗎？

他們會帶著各式各樣的疑問不停反問、主張、討論，這正是猶太人的塔木德式辯論，在這樣的討論過程中想法會越來越深入，思考也會更有彈性，大腦也會越來越活絡。

猶太人相信無論是諾亞方舟、摩西出紅海等舊約聖經裡的故事，都是真實的。

那些從科學的角度來看難以置信的事，他們也認為那是受到神的影響所完成的事，所以會以哲學的態度去接受。

因為就連聖經裡荒謬的故事，他們都會認真討論，即使是無法用科學解釋的事情，他們也會說「這也是有可能的」，運用積極且懂得變通的想法去做更開放的思考。

猶太人的絕對價值，就是遵循上帝旨意的人生，他們會不斷探究「上帝的旨意是什麼」？神說每種動物都要成雙成對才能上諾亞方舟，因此動物要成雙成對，善也必須和惡一起才能夠上船。

讀到這裡，猶太人便會問：要成雙成對才能搭船，神究竟有什麼用意？並針對這個問題展開一連串的討論，討論到最後會找到一個自己能接受的意思，並將這個意見當做標準，因為舊約聖經的教誨，對他們來說就是絕對真理。

猶太人相信，世上的一切都遵循神的旨意，即便他們遭受數千年的迫害、遭遇不幸以及被迫走上窮途末路，他們仍認為這是神的旨意，也因此比起逃避，他們反而會選擇設法克服苦難。

在生命本身就是一種危機的狀況下，他們仍每天討論、學習妥拉與塔木德，因為妥拉與塔木德記錄了人類生活的一切。

他們遵循舊約聖經「有壞事，必然就會有好事」的教誨，無論身處什麼情況都不會輕易放棄，而會想盡辦法活下去，他們也透過妥拉與塔木德探究人類的本質，獲得洞察這個世界的力量。

猶太人之所以能夠站在世界的頂端，正是因為他們洞察世界的力量比別人更加優秀，這種學習習慣造就了今天優秀的猶太人。

差距僅有百分之一的讀書方法，成為猶太人與我們的差異。

TIPS

猶太人的思考方式

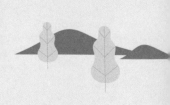

猶太人認為世界上的所有事情，都依照上帝的旨意運作，所以即便偶爾遭遇困難，他們也不會逃避，而是會想盡辦法活下來。

猶太人相信希特勒之所以會存在也有上帝的用意，他們人生中的絕對價值，就是遵循上帝的旨意，他們在日常生活中會討論「上帝為什麼要我們別做這些事」，藉著探究生命最根本的價值，來找出生命的普世價值，並將此當做人生的標準。他們嚴守上帝的律法，他們遵從安息日絕對不能工作的律法，克服了原有的規定，發明不以月為單位計算利息，而是不會計算安息日利息的當日利息計算法，也就是說他們透過想法的轉變，跳脫原本的觀念，提出了新的發想。猶太人如果看到蘋果從樹上掉下來，會問什麼問題呢？或許他們會問：「為什麼蘋果不是由下往上，而是從上往下掉？」

休息一下：猶太人的幽默

看待事情的角度

一個有錢人，收到他兒子從另外一座城市寄來的信。

他要秘書幫他讀這封信，心不甘情不願的秘書便以不愉快又急躁的口氣，讀了他兒子的來信。

「爸！快點匯錢給我！我需要新鞋子和衣服！」

聽完兒子的信之後，父親便大發雷霆：「沒禮貌的傢伙！怎麼敢用這麼不

恭敬的態度寫信給爸爸？我一毛錢都不會匯給你！」

被兒子的信傷透了心的他，回到家之後便把信遞給妻子，說：「妳快看看，我們捧在手掌心呵護長大的孩子寫了什麼。」

但當母親讀到兒子寫的信時，心中便升起一股對兒子的想念。所以她用非常溫柔、哀傷的聲音，就像在禱告一樣開始朗讀信件的內容。

「爸！請匯一點錢給我吧！我非常需要新鞋子和衣服！」

爸爸靜靜聽著，然後溫柔地說：「很好，寫信就是該這麼謙卑，老婆，快點去匯錢，這樣才是對的。」

只要改變角度，苛刻的人也可能看起來很有魅力，溫柔的人也可能變得懶散溫吞，這是因為我們看待一件事的立場不同。

休息一下：猶太人的幽默

幸運與不幸

被警察追著跑的小偷來到江邊，跳上一條正好要離開的渡船。

追在後面的警察大喊著要船夫停下來，但船夫是個聾子，小偷覺得遇到一個聾子船夫，是件超幸運的事情。

但當船要抵達對岸的時候，警察已經在岸上等他了。這時小偷大聲要船夫趕快把船掉頭，到別的地方靠岸，可是因為船夫是個聾子，聽不見他說什麼，

便把船停在岸邊，這下被警察抓住的小偷，就覺得遇到聾子船夫是件超級不幸的事。

13這個數字在美國雖然象徵著不幸，但在義大利卻是幸運的象徵。數字9在日本是不幸的象徵，但在中國卻象徵幸運。事實雖然只有一個，但每一個宗教、每一種文化、每一種語言的發音，都會有各自不同的詮釋，並不代表那是錯的。

猶太人成為全球頂尖人物的學習法

들어주고 , 인내하고 , 기다리는 유대인 부모처럼 :
유대 5 천 년 , '탈무드 자녀교육법 !'

作者　張化榕（장화용）
譯者　陳品芳
行銷企畫　劉妍伶
執行編輯　陳希林
封面設計　陳文德
版面構成　綠貝殼資訊有限公司

發行人　王榮文
出版發行　遠流出版事業股份有限公司
地址　臺北市南昌路 2 段 81 號 6 樓
客服電話　02-2392-6899
傳真　02-2392-6658
郵撥　0189456-1
著作權顧問　蕭雄淋律師
2020 年 12 月 01 日　初版一刷
定價新台幣 360 元

ISBN　978-957-32-8777-3
遠流博識網　http://www.ylib.com　E-mail: ylib@ylib.com
（如有缺頁或破損，請寄回更換）

遠流出版公司

國家圖書館出版品預行編目（CIP）資料

猶太人成為全球頂尖人物的學習法／張化榕著；陳品芳譯 . -- 初版 . -- 臺北市：遠流，2020.12
304 面；14.8×21 公分
ISBN 978-957-32-8777-3（平裝）
1. 學習方法　2. 猶太民族
521.1　　109006067